Brent Maddock

DIE FILME VON JACQUES TATI

WILHELM HEYNE VERLAG
MÜNCHEN

HEYNE FILMBIBLIOTHEK
Nr. 32/187

Herausgeber: Bernhard Matt

Titel der Originalausgabe
THE FILMS OF JACQUES TATI
Metuchen, N. Y. 1977

*Aus dem Amerikanischen von
Karola Gramann u. York v. Wittern*

Nachwort von Gertrud Koch

Copyright © der deutschen Ausgabe
1984 by Raben Verlag, München
Wilhelm Heyne Verlag GmbH & Co. KG, München
Printed in Germany 1993
Umschlagfoto: Stiftung Deutsche Kinemathek, Berlin
Rückseitenfoto: Archiv Dr. Karkosch, Gilching
Umschlaggestaltung: Atelier Ingrid Schütz, München
Herstellung: H + G Lidl, München
Satz: Fotosatz Völkl, Puchheim
Druck und Bindung: Ebner, Ulm

ISBN 3-453-06550-6

Inhalt

Zur Einführung: Tati und seine Zeit 7
Tati und sein filmisches Erbe 15
Tatis Entwicklung 36
Der erste Spielfilm 43
Wie Monsieur Hulot entstand 53
Die Ferien des Monsieur Hulot 63
Mein Onkel 78
Playtime 95
Trafic 115
Tatis Filme als Antwort auf die neue Welt 131
Tatis Filme als Spiegel der alten Welt 135
Tatis Welt 139
Tatis Komödienstil 144
Filmtechnische Aspekte 156
Musik 161
Schlußbemerkung 165
Confusion 168
Das lautlose Lachen im Käfig des Bildes 173

Filmographie 187
Anmerkungen 195
Bibliographie 200
Bildnachweis 201
Register 202

Zur Einführung: Tati und seine Zeit

Ein tückisches Geschick scheint es darauf angelegt zu haben, daß bereits die ersten beiden Dekaden der Filmkomödie die Hauptwerke von Chaplin, Keaton und Lloyd hervorbrachten. Noch heute, nach fünfzig, sechzig Jahren, versuchen die Filmkomiker, ähnlich geniale Leistungen zu vollbringen. Diese frühen Filme haben Maßstäbe gesetzt, an denen seither, bewußt oder unbewußt, Filmkomödien gemessen werden. Natürlich haben die Nachfolger auch immer von den Pionierarbeiten profitiert. Überzeugte Anhänger der großen Stummfilmkomiker werden die Komödien ihrer zahlreichen Nachahmer allerdings kaum begeistern können.
Chaplin, Keaton und Lloyd (deren Namen inzwischen bezeichnenderweise zu einem Begriff mit einer Bedeutung verschmolzen sind) haben archetypische Filmcharaktere entwickelt, während heutige Komiker diese Archetypen mehr oder weniger unverhohlen imitieren. Die Schwierigkeiten wären sicher geringer, hätte die Filmkomödie als Ergebnis eines langen Prozesses das Niveau der frühen Meister erreicht, dann hätten Charaktere wie die eines Chaplin oder Keaton in jahrelanger Entwicklung entstehen können. Daß diese großen Künstler der Filmgeschichte gleich so früh in den Schoß gefallen sind, flößt den Regisseuren Stolz und Verzweiflung ein. Denn es stellt sich die Frage, wer den Genius der frühen Filmkomödie heute für das Kino fruchtbar machen könnte. Sollte es außerdem nicht möglich sein, ihm einen neuen Archetypus zu geben?
So, wie den amerikanischen Verhältnissen zu Beginn des 20. Jahrhunderts der ihnen zeitgemäße, dabei sentimentale Tramp und das immer findige »Great Stoneface« entsprachen, hätten doch auch die sich ständig wandelnden Lebensstile der westlichen Welt um die Mitte des Jahrhunderts ihren eigenen Komödiantentypus hervorbringen können. Ein Regisseur sollte die Lücke zwischen alt und neu schließen können. Der französische Komödienregisseur Jacques Tati ist diesem Ziel zweifellos näher gekommen als seine Zeitgenossen. Tati verbindet mit seinen Vorläufern Chaplin und Keaton, daß sie alle Clowns sind. Sie unterscheiden sich von anderen Komikern darin, daß ihre Komik nicht gängige, allgemein akzeptierte Muster von Komik

reproduziert. Die filmische Umsetzung von Tatis Persönlichkeit ist Hulot, der ebenso Allgemeingültigkeit besitzt wie Chaplins Tramp. Die Filmkritik konnte Tati nie so recht einordnen. Mit der Wahl seiner Themen befindet er sich zwar immer am Puls der Zeit, stilistisch und vom Aufbau her stehen seine Filme, ganz wie die Stummfilmkomödien, in der klassischen Tradition. In dieser Widersprüchlichkeit ist er filmhistorisch schwer zu kategorisieren, mit anderen zu vergleichen und in einen größeren Kontext einzuordnen.

Dazu kommt, daß Tati nur ein bescheidenes Œuvre vorzuweisen hat. Bis zum Alter von immerhin 69 Jahren hat er nicht mehr als fünf Filme gemacht, bei denen er Drehbuch geschrieben, Regie geführt und außerdem gespielt hat. Ein sechster existiert auf dem Papier. Tatis übertrieben penible Arbeitsweise erinnert an Griffith und Chaplin oder, unter den neueren Regisseuren, an Kubrick. Seine Filme sind Raritäten, ohne modische Trends. Ein neuer Tati-Film ist jedesmal ein Ereignis. Leider wartet in den USA nur ein kleiner Kreis treuer Anhänger auf seinen nächsten Spielfilm, der größere Teil des Publikums muß ihn immer erst aufs neue entdecken. Er hat seinen Fans oft gesagt, warum er nicht mehr produziert: »Sich treu zu bleiben, genügt für ein Leben. Ich hasse es, mich zu wiederholen.«[1]

Von 1949 bis 1971 hat Tati fünf Spielfilme gemacht: *Tatis Schützenfest* (*Jour de fête*, 1949), *Die Ferien des M. Hulot* (*Les Vacances de Monsieur Hulot*, 1953), *Mein Onkel* (*Mon oncle,* 1958), *Playtime* (*Playtime*, 1967) und *Trafic* (*Trafic,* 1971). Sie entstanden über einen Zeitraum von mehr als 20 Jahren, und alle handeln sie vom Konflikt des menschlichen Verstandes mit der Technisierung des modernen Lebens. Dabei geht es weniger um die Themen als um seinen unverwechselbaren Stil. Seine Filme sind eine merkwürdige Mischung von Stumm- und Tonfilm, von klassischen Gags und moderner Szenerie, von Erzählelementen, die er lose mit aktuellen Thematiken verknüpft. Tati zeichnet sich vor anderen zeitgenössischen Komödienregisseuren durch eine besondere Fähigkeit aus: Seine Filmwelt besteht aus einem bis ins kleinste durchdachten Zusammenspiel von komischen Situationen, Geräuscheffekten, genau gezeichneten Charakteren, Ausstattung, Ausnutzung der Leinwandgröße und Tempo. Er kreiert eine eigene Welt, in der die menschliche Stimme ein Ausdrucksmittel unter vielen anderen akustischen Möglichkeiten ist,

eine Welt, in der die Personen alltägliche Verhaltensmuster übertreiben; er irritiert die Erwartungshaltung der Zuschauer, wie jemand zu sprechen und sich zu bewegen hat. Dies alles sind Belege dafür, daß er sein Metier beherrscht und über ein großes Maß an Phantasie verfügt
Die schlichte Struktur seiner Geschichte unterscheidet ihn von anderen Regisseuren. Erzählerische Finesse, über die er seine Gags aufbauen könnte, liegt ihm fern. Immer wieder vertreten Autoren, wie in diesem Fall Stanley Kauffmann, die Ansicht, Tati könnte ›Größeres‹ leisten:»Was Jacques Tati angeht, fühle ich mich immer ein wenig schuldig. Er vereint viele Eigenschaften auf sich, die man im allgemeinen vermißt: Geschmack, Können, individuelle Phantasie. Trotzdem erinnern mich seine Filme immer an die Pantomimen Marcel Marceaus: ein Aufgebot von Technik und Talent auf der Jagd nach Preziosität.«[2]
Trotzdem gibt es wohl niemanden, der die Kunst der visuellen Gags besser beherrscht als Tati. Auf diesem Gebiet hält er jedem Vergleich mit den frühen Meistern stand. Kauffmanns Vorwurf der Substanz- und Inhaltslosigkeit geht völlig daran vorbei, daß seine Filme nicht Geschichten erzählen oder Personen schildern wollen, sondern Grundmuster und -strukturen unserer Gesellschaft zeigen: Architektur und Verkehr, Wohnen, Rationalisierung, Freizeitbeschäftigung. Tati setzt sich mit dem physischen und kulturellen Ambiente auseinander, dessen Teil er zwangsläufig ist. Dabei läßt er seiner Neugier freien Lauf. Er huscht über Unwichtiges hinweg und verweilt dort länger, wo es ihm angebracht zu sein scheint.
Wer sich mit Tati beschäftigt, macht die Erfahrung, daß die schlichte Erwähnung seines Namens eine der beiden Reaktionen zur Folge hat: ratlose Gesichter oder wissendes Lächeln. Basil Wrights Beobachtung trifft den Kern der Sache:»Tati ist ein ganz besonderer Fall, es genügt manchmal, einen seiner Filme zu erwähnen, und die Leute kugeln sich vor Lachen.«[3]
Seine Unabhängigkeit und absolute Treue zu sich selbst garantieren ihm eine einzigartige Stellung im Film. Bereits 1959 konstatierte Penelope Houston in einem Artikel über Tati in *Sight and Sound,* daß er sich von seinen Kollegen unterscheidet:»Die Zeit liegt lange zurück [...], als der Film zum künstlerischen Risiko ermutigte. [...] Heute bauen die meisten Komödien ihre harmlosen kleinen Zielscheiben auf, gehen dann auf sichere Di-

stanz und schießen [...] vorsichtige Salven ab. Seit Chaplin abdankte [...], hat niemand mehr Komödie gemacht, weil er einfach nicht anders konnte. – Niemand, mit der Ausnahme von Tati.«[4]
Tatis Bedeutung liegt in seiner Weigerung, Konzessionen gegenüber dem Publikumsgeschmack zu machen. Er verglich sich selbst einmal mit einem »Maler«: »Vielleicht kein großer, aber dafür male ich, was mir gefällt.«[5]
Tati läßt sich keiner bestimmten filmischen Tradition zuordnen. Eher ist man versucht, seine Filme einer Ära zuzurechnen, die längst vergangen war, als er begann. Er paßt hinein und auch wieder nicht. Viel geschrieben wurde bisher nicht über ihn, sieht man von den jeweiligen Rezensionen beim Start eines neuen Films ab. Die wohl fundierteste Sammlung kritischer Beiträge zu diesem Regisseur stellte Armand J. Cauliez zusammen. Sein Buch mit dem Titel *Jacques Tati* liegt nur auf französisch vor; er untersucht darin Einflüsse auf das Werk des Regisseurs, angefangen von seinem ersten Kurzfilm bis zum vierten Spielfilm, *Playtime*. Cauliez hat außerdem eine Sammlung mit französischen Kritiken herausgegeben. Geneviève Agels *Tati parmis nous* ist ein schmaler Band mit Beiträgen zu seinen Spielfilmen, in dem außerdem auf seine Bühnenausbildung und die Entwicklung der Figur des Hulot eingegangen wird. Es ist ebenfalls nur im Französischen erschienen.
In Englisch und Deutsch liegen die Romanfassungen von *Les Vacances de Monsieur Hulot* und *Mon Oncle* vor; geschrieben von Jean-Claude Carrière, mit Illustrationen von Pierre Etaix, haben beide Bücher ihren Reiz. Den treffendsten und persönlichsten Text zu Regisseur und Werk schrieb Penelope Gilliatt für *The New Yorker*. Ein ebenfalls solider Beitrag zur Tati-Literatur ist Jonathan Rosenbaums Aufsatz »Tati's Democracy«, erschienen in *Film Comment*. Rosenbaums Strukturanalyse von *Playtime* belegt den präzisen Umgang mit Text, Bewegung und Bildausschnitt. Das beste Interview zum Werk des Regisseurs, *Mein Onkel* eingeschlossen, machten André Bazin und François Truffaut; es ist in *Les »Cahiers du Cinéma«* unter dem Titel »*Entretien avec Jacques Tati*« erschienen.
Selbstverständlich hat die Kinoöffentlichkeit mehr Interesse an den Starregisseuren des Jahres als an einem Filmemacher, dessen Œuvre man allenfalls auf dem Hintergrund der letzten 25 Jahre sehen und beurteilen kann:

HEYNE BÜCHER

Mein Onkel,

der Mann mit Regenschirm und Ringelsocken – von allen geliebt, von allen belacht. Der köstliche Roman von Jean-Claude Carrière zu dem unvergesslichen Film von Jacques Tati

HEYNE BÜCHER

JEAN-CLAUDE CARRIÈRE

Eine herzhafte, pralle Komik ist in diesem Roman,
ein feiner Humor und viel Lebensweisheit —
und über allem
schwebt dabei ein Hauch von Poesie...

DIE FERIEN DES MONSIEUR HULOT

Der Film
von JACQUES TATI
zählt zu den größten
Leinwanderfolgen,
die es je gab

Der Filmemacher Tati ist ein Produkt seiner Zeit. Er beschäftigt sich mit gesellschaftlichen Normen, der Industrialisierung, dem Verkehrswesen und dem Geflecht, in dem man heutzutage im Streben nach dem Erfolg hängenbleiben kann. Tati hat ein Gespür für alltägliche Abläufe, die sonst kaum bewußt wahrgenommen werden. Jeder kann sich von seinen Filmen angesprochen fühlen, denn sie berühren grundlegende Funktionsmechanismen der modernen Gesellschaft. Keiner der Filme ist überholt; Inhalt und Erzählform haben nichts an Aktualität verloren. Angesichts der zunehmenden Kritik an den Folgen unbegrenzten Wachstums und der wachsenden Skepsis gegenüber dem Erfolgsdenken fasziniert ein Vergleich der eigenen Beobachtungen mit Tatis früheren Wahrnehmungen von sozialen Verhältnissen. Wenn *Mein Onkel* 1958 vielleicht nur ein netter Film über die Unsensibilität und Gedankenlosigkeit einiger Leute im Umgang miteinander zu sein schien, so strahlt er heute etwas Drohendes, Realistisches aus. Die kalten, verglasten Hochhäuser aus Tatis *Playtime* amüsieren, gleichzeitig fragt man sich aber, wer in einer solchen Umgebung leben wollte. Tati hat vieles von dem vorweggenommen, was heute Realität geworden ist. Zeitliche Distanz ermöglicht einen differenzierten Blick auf Tatis Filme. Ihre Relevanz nimmt in dem Maße zu, in dem sich gesellschaftliche Krisen zuspitzen, z. B. in Fragen des Umweltschutzes, des Verkehrs und der Beziehungen der Menschen zueinander. Welche Rolle Tati für das Konzept einer neuen, menschlicheren Welt zukommen könnte, wird noch zu untersuchen sein.

Diese Studie versucht, Tati in einen angemessenen Kontext zu den frühen Meistern des Kinos zu stellen und dabei seine Varietéerfahrung und Schauspielausbildung zu berücksichtigen, ohne die seine Filme nicht denkbar wären. Alle seine Filme, eine letzte Produktion für das schwedische Fernsehen und ein im Entwurf existierendes Projekt werden in ihrem Verhältnis zueinander und im Kontext seines Gesamtwerks betrachtet. Seine Entwicklung als Regisseur wird daran untersucht, wie er mit der Kamera, den Farben, den Geräuschen, der Musik und der Ausstattung umgeht. Nur wer versteht, was seine Filme im Zusammenhang mit der Gesellschaft, der Filmgeschichte bedeuten, begreift ihr Gewicht. Mehr als dreißig Jahre Arbeit, mehr als eine Handvoll leichter und amüsanter Komödien. Es steckt mehr dahinter, als der erste Blick vermuten ließe.

Tati und sein filmisches Erbe

Tati ist leichter als Produkt seines filmischen Erbes zu begreifen als im Verhältnis zum zeitgenössischen Filmschaffen. Seine Filme stehen in der Tradition der französischen Filmkomödie, wenngleich Parallelen zu Chaplin und Keaton nicht zu übersehen sind. Dabei darf man nicht vergessen, daß sich auch Chaplin zu einem guten Teil der französischen Tradition verdankt. Er steht klar in der Nachfolge des französischen Filmkomikers Max Linder, der einige Jahre vor ihm arbeitete und sich bereits auf frühere Vorbilder dieses nationalen Kinos berufen konnte. Filmkomödie zu Beginn des Jahrhunderts war ohne Zweifel *die* Domäne der Franzosen.

Als Jacques Tati 1908 in Le Pecq, Frankreich, geboren wurde, arbeitete die Filmindustrie des Landes auf Hochtouren. Französische Filmkomödien und Kriminalserien setzten internationale Standards. André Deed, der in der Tradition der Zirkusclowns stand, hatte die Figur des Gribouille kreiert, einen Einfaltspinsel mit weißgeschminktem Gesicht, den der französische Filmhistoriker Georges Sadoul mit Pierrot und Pagliacco vergleicht. Bereits 1906 begann Louis Feuillade, der für die einflußreiche Gesellschaft Gaumont gearbeitet hatte, mit der Produktion von Komödien, die mit technischen Tricks im Stil seines Zeitgenossen Georges Méliès arbeiteten. »Er konnte noch das Letzte aus einer komischen Situation herausholen, weil er tausend verrückte Einfälle dazu hatte«[6], heißt es bei Sadoul. Die absurde Komödie wurde von einem Schüler Feuillades fortgesetzt, der bei zwei Serien Regie führte: *Onésime* und *Calinoconis*. Für Sadoul ist Durand der »wesentlich anspruchsvollere Künstler als Feuillade und sogar Linder«.[7]

In seinem Buch *The Silent Clowns* erwähnt Walter Kerr einen weiteren Komiker: Er brachte Verfolger dazu, kopfunter an der Zimmerdecke zu laufen, um ihn zu fangen. Tontolini rollte sich bei der Flucht in einen Teppich und dann die Wand eines benachbarten Gebäudes hinauf. Das sind frühe Vorbilder für Tatis phantastische Einfälle.

Max Linder hatte einen elaborierteren Komödienstil. Die üblichen Verfolgungsjagden, Witz im körperlichen Ausdruck oder technische Tricks interessieren ihn nicht. Linder, der etwa zur

Max Linder (l.) hatte einen elaborierten Komödienstil

Zeit von Tatis Geburt zum Film kam, erfand die erste richtige Filmfigur, den geschleckten, kultivierten Dandy, der seine Würde verliert und wiedergewinnt. Tatis Figur, Hulot, alles andere als dandyhaft, ist äußerst würdevoll und ständig damit beschäftigt, sein Image zu verlieren und wiederherzustellen.
Nachdem Linders Popularität ihren Höhepunkt erreicht hatte, erschienen in Europa mehr Clowns und Komiker auf der Leinwand. Hinter dieser Entwicklung stand nicht zuletzt der Einfluß der mächtigen französischen Gesellschaft Pathé. In den USA, wo man doch immer hinter Frankreich, Italien und Rußland herhinkte, entwickelte sich eine überzeugende Mischung von Klamotte und Varieté.
Chaplin war bald *der* Clown des Kinos. Seine Filmlaufbahn begann, als Mack Sennett ihn 1913 für sein Keystone-Studio engagierte. In wenigen Jahren entwickelte dieser englische Theaterkomiker eine Filmfigur, die das Publikum auf der ganzen Welt entzückte. Chaplin wurde zur Inkarnation des Clowns schlechthin, je facettenreicher die Figur seines Tramps sich entfaltete. Noch heute finden sich die Zuschauer in seinen Charakterzügen

wieder. Mit dem kleinen Landstreicher hatte er eine archetypische Komödiengestalt geschaffen. Wer hätte wohl Chaplins Entdeckung überflügeln können? Aber es galt noch mehr Archetypen zu kreieren. Eine Type, die eigentlich nur Keaton verkörpern konnte, hatte erst fünf, sechs Jahre später Erfolg.
Aus heutiger Sicht sind die ersten zehn Jahre der Filmkomödie eine Entwicklung, die auf Chaplin hinführt. Was lag näher für die Zuschauer, als die Figuren Tatis (François, den Postboten aus Tatis »Schützenfest«, und Monsieur Hulot) mit Chaplin zu vergleichen? Schon der Name »Hulot« klingt wie »Charlot«, wie Charlie in Frankreich heißt. Chaplin, der wie Tati eine gründliche Tanz- und Pantomime-Ausbildung erhalten hat, betonte stets die Wendigkeit und Grazie seiner Figur. Charlies verbissene und liebenswürdige Unabhängigkeit brachte ihn in schwierige Situationen, aus denen er sich meistens mit Hilfe seiner tänzerischen Beweglichkeit zu befreien vermochte. Chaplin war sich der Wirkung seines Verhaltens in der physischen Welt jederzeit bewußt. Er genoß es, sich darin akrobatisch wie in einem Dschungel und spielerisch wie ein Kind zu bewegen. Chaplins Motto schien zu sein: Das Leben ist viel erfreulicher für den, der nicht kämpft, sondern tanzt. Viele Filmszenen, in denen er Kämpfe zu bestehen hat, sind im Grunde perfekt inszenierte Tanzszenen. »Wer sich im Takt der Schläge bewegt, bekommt weniger ab«, war seine Devise. Ein kleiner Tanzschritt hier und eine Pirouette dort erhöhen das Vergnügen.
Die Struktur früher Tati-Filme hat viel mit der von Chaplins Filmen gemeinsam: Bei beiden handelt es sich um lockere Pikaro-Erzählungen. Tatis Filme bestehen im allgemeinen aus einer Kette von Ereignissen, die nicht notwendigerweise miteinander verknüpft sind. Hulot gerät von einer Bredouille in die nächste, und darin liegt, abgesehen von einem dünnen Erzählfaden, das wirklich verbindende Element des Films. Besteht Chaplins Welt aus Mißgeschicken, Fallen und überdimensionierten Gegnern, geht es bei Hulot um undurchschaubar komplexe und sinnlose Strukturen, technische Apparaturen und gesellschaftliche Konventionen – eine Welt, in der er sich mit großer Vorsicht und ein wenig ängstlich bewegt. Ihm fehlt auch Chaplins lässige Eleganz im Umgang mit ihren Widrigkeiten. Komik entsteht oft, weil Hulot sich blindlings in Schwierigkeiten bringt, ohne die leiseste Idee, wie er wieder herauskommen soll. Chaplin ist sich viel stär-

ker dessen bewußt, was um ihn herum vorgeht. Hulot begreift die Ausweglosigkeit einer Situation erst, wenn er hoffnungslos darin verstrickt ist. Mit beharrlicher Unschuld versucht er sich aus dieser verwirrenden und scheinbar absurden Welt zu befreien. Er rührt deshalb lieber gar nichts an. Trotzdem schafft er es, überall Chaos anzurichten. Im Gegensatz zu Chaplin benimmt er sich wie der sprichwörtliche Elefant im Porzellanladen.
Hulot läuft von einer Falle in die nächste und verwandelt dabei seine Umgebung in einen Scherbenhaufen. Dem Zuschauer wird dadurch bewußt, wovon seine eigene Umwelt bestimmt wird: geistlose Architektur, unnütze Apparaturen, endlose Verkehrsstaus. So hat Hulots Plackerei einen sinnvollen Effekt: Während er sich mit der Welt abmüht, entwickeln wir einen nützlichen, objektiven Blick auf unsere Lebensverhältnisse. In gewissem Sinne ist Hulot das Versuchskaninchen für unsere geschärfte Wahrnehmung. Charlies Abenteuer, die vor *Moderne Zeiten* gedreht wurden, hatten keinen tieferen Sinn. Charlie selbst war der Grund für die Filme. Bei Armand J. Cauliez heißt es: »Die chaplineske Figur ist reiner Selbstzweck, die tatieske Figur dagegen ist verallgemeinerbar. Hulot ist lediglich Katalysator.«[8]
Angenommen, der eigentliche Anlaß für Chaplins Filme ist der Tramp: dann muß er in allen Szenen präsent sein. Hulot dagegen kann kommen und gehen, wann immer er will. Als Katalysator ist er von der Pflicht befreit, die von ihm ausgelöste Kettenreaktion zu beobachten. Es gibt in *Playtime* und *Trafic* lange witzige Passagen, die ohne Hulot funktionieren. Aus der Tatsache, daß Hulot als Katalysator Auslöserfunktion hat und nicht als das eigentliche Subjekt behandelt wird, folgt für den Filmkomiker Basil Wright: »… als Künstler ist er so individuell wie Chaplin, verfügt aber über ein beschränkteres Repertoire«.[9]
Tati hat es einfach nicht nötig, alle Register seines Talents – Schauspiel, Tanz, Gags und Regie – auf einmal zu ziehen. In einem Tati-Film gibt es eben mehr als nur Hulot.
Wie Charlie fügt Hulot sich bruchlos in eine Umgebung ein, die nach den Gesetzen der Logik funktioniert. Aber im Gegensatz zu ihm ist er in einer Welt, die keinen Sinn ergibt, verloren. Hulot stolpert über die Absurditäten der Welt beziehungsweise wird von ihnen verfolgt. Er befindet sich in einem Dauerzustand der Panik. Chaplins Tramp blüht unter den Widrigkeiten des Lebens erst richtig auf. Die größte Ausnahme bildet der Film, der

Von allen Chaplin-Filmen kommt ›Moderne Zeiten‹ dem Werk Tatis am nächsten

denen Tatis am nächsten kommt: *Moderne Zeiten*. Hier scheint auch Charlie ein wenig überfordert zu sein. Er wird wörtlich und bildlich zwischen den Rädern einer monolithischen Technologie zermalmt, kommt aus den absurden Situationen gar nicht mehr heraus. Charlie wird von den Ereignissen überrollt, ohne zu wissen, wie ihm geschieht. Das Thema des Films könnte von Tati stammen: der menschliche Verstand im Kampf gegen eine geistlose Technik. *Moderne Zeiten* war ein Schritt auf dem Weg zu wachsender Sozialkritik in Chaplins Filmen. In *The Silent Clowns* verweist Kerr auf Chaplins Stärke, niemals eine Miene zu verziehen. Diese Qualität ist auch ein wesentliches Element von Tatis Komödien. Wie Max Linder legt Hulot großen Wert darauf, stets würdevoll zu sein. Er befindet sich immer in einem Zustand leichter Verwirrung und merkt dabei nicht, wie komisch er wirkt. Wenn Chaplin eine verrückte Szene mit völlig unbe-

wegtem Gesicht spielt, weiß er, daß die verblüffende Leichtigkeit und Nonchalance der Person die Komik steigert. Nach diesem Prinzip arbeitet auch Tati, allerdings würde man Hulots unbewegte Würde niemals als Nonchalance lesen.
Chaplin hat etwas von einem altklugen Kind, das sich produziert. Er ist sich jeden Augenblick seiner Talente bewußt. Anders Hulot; er merkt einfach nicht, wenn er nicht in die Umgebung paßt oder ins Fettnäpfchen getreten ist. Aus diesem mangelnden Bewußtsein in Verbindung mit dem stolzen Gesichtsausdruck entsteht Komik. Chaplin hat das einmal treffend zusammengefaßt: »Wenn jemand etwas Komisches tut, muß er dabei nicht noch selbst komisch sein.«[10]
Mit Chaplins Popularität wuchs auch sein Einfluß auf die Filmindustrie. Er konnte sich mehr Zeit für seine Filmprojekte nehmen und eine eigene Methode entwickeln. Die Möglichkeit, das Arbeitstempo selbst zu bestimmen, hatte er jedoch erst nach vielen Jahren hektischer Produktion, in denen er am laufenden Meter kürzere Filme drehte. Tati dagegen wäre es nie in den Sinn gekommen, seine Arbeitsweise von außen bestimmen zu lassen. Er hatte in den letzten Jahren als Solokünstler eine Sensibilität entwickelt, die es unmöglich machte, sich in einem Studiozusammenhang funktionalisieren zu lassen. Er entschied sich, wie auch später Chaplin, dafür, eher weniger Filme zu machen, an denen er dann mit aller Leidenschaft arbeitete. Tati arbeitet ähnlich wie Chaplin. Er schreibt selbst Drehbuch, spielt, führt Regie, sucht Drehorte aus und bestimmt die Ausstattung. Diese Methode beschleunigt nicht gerade das Produktionstempo, führt aber zu einem höchst individuellen Ergebnis.
Chaplin lehnte es lange ab, mit Ton zu arbeiten, und begann ihn erst in *Moderne Zeiten* als künstlerisches Ausdrucksmittel einzusetzen. Der Virtuose des visuellen Gags konstruierte in diesem Film Situationen, deren Komik ganz auf Ton basiert. Wenn Charlie mit der Pfarrersfrau Tee trinkt, muß man lachen, weil sein Magen höchst unpassend gurgelt. Auch Tati macht keine Stummfilme, allerdings wird Dialog äußerst sparsam eingesetzt und hat keinen vorrangigen Stellenwert gegenüber den übrigen Geräuschen. Er betont den Lärm der technisierten Welt und setzt natürliche Geräusche dagegen. Musik korrespondiert dem Chaos, auf das Hulot diese Welt reduziert hat.
Tati legte Wert auf die Feststellung, daß ihn und Chaplin mehr

und Fundamentaleres trennt als verbindet, und zieht den Vergleich mit Buster Keaton vor. Cauliez bestätigt ihn mit der Bemerkung: »Die Vermittlung zwischen Chaplin und Tati ist Buster Keaton.«[11]
Viele Filmemacher berufen sich auf frühe Vorbilder – Chaplin verehrte Linder als seinen ›geistigen‹ Vater, Eisenstein nannte Griffith. Es ist bezeichnend, daß Keaton Tati als seinen Abkömmling betrachtete. Keaton hatte einen eigenen, komischen Archetyp entdeckt. Sein Stoneface zeigt keinerlei Bewegung, ganz wie der reservierte Hulot. Keatons akrobatische Fähigkeiten verdanken sich seiner Bühnenausbildung, auch er arbeitet ausschließlich mit Körpersprache. Wie die Vorwegnahme von Tatis erstaunter Sachlichkeit gegenüber einer verwirrenden und übermächtigen Welt, ist Keaton immer der »Einzelkämpfer in einer erdrückenden Umgebung«.[12] Aber seine Welt war noch

Buster Keaton (hier in ›Der General‹) betrachtete Tati als seinen Abkömmling

nicht die überindustrialisierte Wüste, die Tati zeigt. Er verkörpert den Kampf des Menschen gegen die Maschine. Seine außergewöhnliche Körperbeherrschung erlaubt es ihm, in *Der General* über eine fahrende Lokomotive hinwegzusetzen oder, wie in *The Love Nest,* an der Takelage eines Segelschiffs hinaufzuklettern. Keaton verbündet sich geschickt mit großen, unbelebten Objekten, um nicht von ihnen überwältigt zu werden. Tatis Komödien basieren hauptsächlich auf Hulots völliger Unfähigkeit, sich auch nur mit einem Teil der Welt zu versöhnen. Dennoch geht es in den Komödien beider Regisseure um den Kampf eines kleinen Menschen gegen eine gigantische Maschinerie.

Wie bei Chaplin, und darin unterscheiden sich beide von Tati, gibt es auch in Keatons Geschichten immer eindeutig gegensätzliche Charaktere und ein klar gestecktes Ziel, das die Hauptperson erreichen soll. Aber Keaton läßt sich leicht von seinem eigentlichen Ziel abbringen (ein Mädchen zu retten und zu gewinnen), um seine Zeit damit zu verbringen, Apparaturen auszutüfteln und geniale Pläne zu schmieden, wie er alle Hindernisse aus dem Weg räumen kann. Hulot dagegen läßt die Dingwelt kalt. Er weiß nicht, wie etwas funktioniert und warum. Er hat mit der gegenständlichen und technischen Welt nur insoweit Kontakt, als er sich aus ihr zu befreien versucht.

Keatons Leidenschaft für Apparaturen war weit weniger wichtig als sein Experimentieren mit der Filmform an sich. Das Spiel mit der Technik war ihm Mittel, um seine Vorstellungen zu verwirklichen. Tatis Faszination für raffinierte technische Apparate und Maschinen dient reinem Selbstzweck. Die Untersuchung gängiger technischer Gebrauchsgegenstände gerät durch die Ängstlichkeit Hulots einmal mehr zur Farce. Lange Filmpassagen drehen sich ausschließlich um komplizierte Maschinen. In seinem letzten Spielfilm, *Trafic,* hat Hulot einen multifunktionalen Campingbus von Paris nach Amsterdam zu überführen. In mehreren Szenen wird die unerhörte technische Vielfalt des Geräts vorgeführt. Sitze, die sich in Betten verwandeln, eine Hupe mit Steckdose für den Rasierapparat, ein an den Motor anschließbarer Grill zum Ausklappen. Oft geht es um die Verwandlungsfähigkeit bzw. das Versagen der Maschinen und technischen Geräte. Ein Ersatzreifen, auf dem nasse Blätter haftenbleiben, wird in *Die Ferien des M. Hulot* zum Trauerkranz. Beim Paddeln bricht Hulots Boot und klemmt ihn zwischen die beiden Teile

wie zwischen Buchdeckel: ein riesiges Fischmaul, das aus dem Wasser ragt.
Den Höhepunkt von Tatis *Playtime* bildet die langsame und genau kalkulierte Zerstörung eines gerade fertiggestellten Nachtclubs. In dem Moment, da die Gegenstände nicht mehr korrekt funktionieren und auseinanderfallen, offenbart sich die Absicht, die hinter der Zerstörung dieser Objekte steckt. An Draht aufgehängte Deckendekorationen fallen herab und bilden einen Zaun mitsamt Tür, dahinter feiert eine Gruppe von Gästen ihre Privatparty. Die Glastüre am Eingang fliegt zu, und der Portier steht da mit dem Griff in der Hand. Er ›öffnet‹ mit der gleichen Bewegung die imaginäre Türe für die Gäste. Diese methodische Zerstörung von Gegenständen ist natürlich witzig, verfolgt aber auch eine tiefere Absicht. Auseinandergenommene Gegenstände und Handlungen lassen sich unter die Lupe legen und genau betrachten. Wozu braucht man eine Eingangstür, wenn niemand ihr Fehlen bemerkt? Was ist der Sinn von Girlanden, wenn sich die Leute vor allem daran freuen, wenn sie kaputtgehen? Was bedeuten ein Trauerkranz oder eine Beerdigung, wenn ein laubbedeckter Autoreifen am Grab niedergelegt wird? Meistens hält sich Hulot in einem überladenen, übergestalteten Ambiente auf, wie dem Haushalt der Arpels in *Mein Onkel,* der Automobilausstellung in *Trafic* oder dem ganz im Studio gebauten Paris aus Tatis *Playtime.* Nicht an Erzählkonventionen oder die Entwicklung der Charaktere gebunden, bietet die Erforschung dieser ›besten aller Welten‹ Tati Filmstoff genug. Der Charakter, den Keaton verkörperte, war geduldig. Welche Steine ihm das Leben auch in den Weg legte, er hatte Verständnis dafür und nahm es mit den Unbilden auf. Seine Geduld war Ergebnis seiner Anpassungsfähigkeit. Auch Hulot ist außerordentlich geduldig. Geschehe was wolle, es tangiert ihn nicht. Dabeisein ist alles. Ohne Atempause eilt er von einer verhängnisvollen Sommerfrische-Aktivität zur nächsten. Die Tatsache, daß er mit seinem ungewöhnlichen, gewaltigen Aufschlag noch den letzten vom Tennisplatz vertrieben hat, wird ihn nicht davon abhalten, am gleichen Abend in einem Piratenkostüm zu einem Maskenball zu erscheinen. Er tanzt mit der jungen Dame, unbeirrt davon, daß sie die einzigen Gäste sind, die zu dem Fest kamen. Die Ergebnisse mögen ganz verschieden sein, dennoch ähneln sich Hulots stiller Enthusiasmus und Keatons verbissene Hartnäckigkeit. Für bei-

de Charaktere ist Geduld die Voraussetzung, um den Lebenskampf durchzustehen.

Keaton, Chaplin und Tati verbindet der einfache, unkomplizierte Umgang mit der Kamera. Alle drei schätzen Totalaufnahmen, weil sie die ganze Gestalt zeigen. Chaplin achtete immer auf die Wirkung seiner Bewegungen, so zum Beispiel, daß seine Beine vom Bildrand nicht abgeschnitten wurden. Während seiner langjährigen Bühnenarbeit entwickelte Tati große Körperbeherrschung und lernte, den Körper als Ausdrucksmittel zu benutzen. Seine Abneigung gegen Nahaufnahmen erklärt sich aus der Betonung des Körpers und dem weitgehenden Verzicht auf Mimik bei Hulot. Keaton verwendete Weitwinkelaufnahmen, nicht nur, um genug Bewegungsraum zu haben, sondern auch zum Beweis für die Echtheit seiner bravourösen Kunststücke. Er vermied dabei jede Änderung des Kamerawinkels, damit nicht der Eindruck entstand, daß seine raffinierten Gags Tricks seien oder von einem Stuntman ausgeführt würden. Zusätzlich machen Weitwinkelaufnahmen das größenmäßige Mißverhältnis von Mensch und Maschine sichtbar. Durch diese einfache Technik erscheint Hulot in der Stadtlandschaft von Tatis *Playtime* wie ein Zwerg. Als winzige Gestalt steht Keaton in *Steamboat Bill Jr.* am unteren Bildrand vor der mächtigen Fassade eines Gebäudes. Sie fällt so zusammen, daß über ihn ein geöffnetes Fenster stürzt. Er hat nicht einen Kratzer abbekommen. Dieser Umgang mit Größenverhältnissen ist auch für Tati typisch. Eine der ersten Einstellungen von *Trafic* zeigt den Blick von oben in die riesige Halle einer Automobilausstellung. Einige Männer sind eifrig damit beschäftigt, Fäden zu spannen und damit den Raum für die einzelnen Ausstellungsstücke abzustecken. Wenn dann die Offiziellen wie die Störche über diese Schnüre durch die weite Halle staksen müssen, wirkt das außerordentlich komisch. Wegen der distanzierten Kameraposition sind die Fäden, die in einer vorhergehenden, näheren Einstellung zu sehen waren, nicht mehr zu erkennen. Die wichtigtuerischen Offiziellen scheinen einen lächerlich gespreizten Vogeltanz aufzuführen. Einer wird von Tati gespielt, und selbst auf die Entfernung unterscheidet er sich durch seine schlaksigen Bewegungen. Der visuelle Gag funktioniert durch die Distanz und die unermeßliche Größe der Einstellung. Auch in Tatis *Playtime* kommt das Bild einer Menschheit zum Ausdruck, die sich durch ihre Umgebung verkleinert. Tatis Abneigung gegen intime Nahaufnahmen hat dazu geführt, ihn mit allen Vorzügen der Panorama- und Totalaufnahmen vertraut zu machen, die auch den Zuschauer in Distanz zum Geschehen halten.

Zur besonderen Qualität der Gags von Tati und seinen Vorläufern Chaplin, Keaton und Lloyd trägt bei, daß sie niemals nur in der Phantasie möglich sind; ein Quentchen Realität ist immer dabei. Dem Publikum könnte also unter diesen Bedingungen genau das gleiche zustoßen wie Hulot. So kann es solche Gags mehr genießen, die die physikalischen Gesetze nicht verletzen.

Die Komödien Tatis, darin unterscheidet er sich von keinem seiner Vorläufer, arbeiten in den seltensten Fällen nach den Prinzipien des Zeichentrickfilms, der sich nicht an diese Grenzen hält. Haben Keaton, Chaplin und Lloyd in ihrer Akrobatik den menschlichen Körper bis an seine Grenzen belastet, verfährt Tati ebenso mit dem Zufall und genau geplanten zeitlichen Koinzidenzen. Aufrecht und unerschütterlich steht Keaton in *The Boat* auf seinem sinkenden Schiff, bis er vollständig unter Wasser ist. Nur noch sein Hut treibt auf den Wellen. Jeder, der über die körperliche Disziplin Keatons verfügt, kann dieses Kunststück nachmachen. In *Die Ferien des M. Hulot* will Tati ein am Ufer liegendes Boot streichen. Die Regie beruft sich auf keinerlei übernatürliche Kräfte, sondern schlichte Alltagserfahrung. Der Effekt ist umwerfend. Der Farbeimer steht neben dem Boot im Sand. Er wird von den ankommenden Wellen mit solcher Präzision hinaus- und wieder zurückgetragen, daß Hulot bei jedem Bücken mit dem Pinsel in den Farbtopf trifft. Alles liegt an der genauen und phantastischen zeitlichen Koordination.

Manchmal geht der Regisseur allerdings über die Grenzen des physikalisch Erlaubten hinaus. Z. B. in *Die Ferien des M. Hulot,* wo er für einen Reifenwechsel sein Auto aufbockt und die Dame auf dem Rücksitz mit jeder Drehung des Wagenhebers hochgehoben wird. In *Playtime* läßt ein Plastikflugzeug in der Hitze des neu eröffneten Nachtclubs die Flügel sinken und hebt sie wieder, als die Temperatur fällt. Gerechterweise muß vermerkt werden, daß Tati und seine Vorbilder die physikalischen Gesetze als Herausforderung und nicht als Nebensächlichkeit betrachten. Es ist naheliegend, daß Chaplin, Keaton und Tati, die der physischen Realität der Bühne verhaftet sind, sich auch in ihren filmischen Entwürfen an die physikalischen Gesetze halten.

Die Filme Keatons bestehen aus Verfolgungsjagden und gefährlichen Kunststücken. Er verausgabt sich bis an die Grenzen der körperlichen Erschöpfung. Tati dagegen setzt seine Filme aus oft lächerlich nebensächlicher Alltagserfahrung zusammen. Selten will Hulot mehr, als von einem Ort zu einem anderen zu gehen. *Playtime* lebt davon, daß Hulot einen Geschäftspartner sucht, mit dem er verabredet war. In einem der Keaton-Filme, *Cops,* hat Buster die für ihn uncharakteristisch einfache Aufgabe, einen beladenen Möbelwagen von einem Ende der Stadt an das andere zu bringen. Ganz im Stile Tatis wird diese schlichte Grundsituation immer komplizierter, bis schließlich die gesamte Polizeitruppe hinter Keaton her ist. Er merkt nicht einmal, daß er mit seinem Möbeltransport mitten durch eine Polizeiparade fährt, und erinnert darin an Hulots tendenzielle Geistesabwesenheit. Eifrig hackt Keaton Holz für seine Dampflok, ohne auch nur zu ahnen, daß er geradewegs durch feindliches Gebiet fährt. Zwar kann, wie diese Beispiele zeigen, Keatons Wahrnehmungsvermögen zuweilen auf Hulots Niveau absinken, doch übertrifft er ihn weit in der Lösung und dem ingeniösen Umgang mit daraus entstehenden Situationen. Im Gegensatz zu ihm reagiert Hulot ängstlich und verschreckt. Obwohl er über große Kräfte verfügt, ist Hulot kein Mann der Tat, sondern läßt sich von jedem Hindernis einschüchtern. Als er in *Die Ferien des M. Hulot* seinen wegrollenden Autoreifen einzuholen versucht, gerät er in einen Beerdigungszug. Um niemanden zu verletzen und weil ihm sonst kein Ausweg einfällt, reiht er sich in die Trauergäste ein und grüßt reihum, als gehöre er dazu.

Keatons unbewegtes Gesicht, das keine Gefühlsregung verriet, war stets ein merkwürdiger Widerspruch zu den furchterregenden Situationen, in denen er sich befand. Sollten unter der Oberfläche jemals heftige Gefühlsstürme getobt haben, wurden sie selten erkennbar. Hulots Bewegungslosigkeit bildet erstaunlicherweise keinen Gegensatz zwischen Emotion und Ausdruck; seine Gefühle bleiben unheimlich unterkühlt. Wie Keaton setzt auch Tati Katastrophensituationen und kühle Reaktionen gegeneinander ab. Keaton besitzt eine gewisse Schläue, mit der er viel wahrnimmt. Man hat den Eindruck, daß seine Gedanken schneller sind als der dazugehörige mimische Ausdruck. Die treffende Charakterisierung Keatons in Walter Kerrs *The Silent Clowns* paßt nur zu gut auf Hulot: »Keaton wird keine Figur für

den Film suchen, den er machen will. Der Film als unabhängiger, eigenständiger Gegenstand ist sein Ziel; er ist zwar immer im Film präsent, aber seine Präsenz hat eher die Qualität des Besessenwerdens als des Besitzens. Als Schauspieler und Persönlichkeit ist er viel klarer definiert als ... Aber wie wenig verlangt er von uns als Personen. Er erwartet nicht die geringste emotionale Antwort; keine Angst, keine Tränen, keine Befriedigung im Triumph. Keine Nähe; er wird sich uns nicht anvertrauen, sondern seine Gedanken für sich behalten, nicht einmal lächeln.«[13]
Die unerhörte Anmut seiner Gags beruht offensichtlich auf Tempo und Körperkraft. Tati dagegen besitzt schlichte Grazie. Keaton ist in Hochform, wenn er eine Wand hinaufläuft; Hulots Charme entfaltet sich voll, wenn er in *Mein Onkel* seine schlaksige Gestalt um die Brunnen, Bäche und die Nippes im Vorgarten der Arpels windet.
Keaton ist die Form des Films wichtiger als die Entwicklung der Charaktere. Er erkannte die Möglichkeit des Films zur »gefälschten Realität; diese gesetzte Grenze würde er nicht überschreiten«.[14] Er schlug Kapital aus der Möglichkeit, mit einem spezifisch filmischen Gegensatz zur nichtfilmischen Realität arbeiten zu können, und verwandelte so die ›Nachteile‹ in Vorteile. Er war Filmkünstler im wahrsten Sinne des Wortes und schöpfte das Potential des Mediums voll aus, das für ihn eine eigene Integrität besaß und nicht einfach zur Aufzeichnung anderer Kunst diente. Tati orientiert sich stärker an der Bühne. Die Weitwinkelaufnahme bietet ihm eine Art Bühnenwirkung. Auch hier hat der Zuschauer die Möglichkeit, sich eine bestimmte Person oder Teilhandlung herauszugreifen. Tati kommt es im Grunde darauf an, den Blick für die Realität zu schärfen. Keaton ist die Realität nebensächlich, ihm geht es um die filmische Form. Die medienspezifischen Möglichkeiten des Films im Umgang mit Realität faszinieren ihn. Die Aufzeichnungsfunktion, die Film bei Tati hat, gilt für ihn in keiner Weise.
Harry Langdon, der vierte unter den großen Stummfilmkomikern, wird kaum einmal mit Chaplin, Keaton oder Lloyd in Verbindung gebracht. Als Filmemacher ist er weniger ergiebig als die ›Meister‹, eher füllt er die Lücken, die sie offenließen. Langdons kindische, unschuldige Filmfigur ist im gesellschaftlichen Umgang ebenso fehl am Platze wie Hulot. Beide stehen sie bereits mit den simpelsten menschlichen Interaktionen auf Kriegs-

Neben Harry Langdons Unschuld wirkt Hulot geradezu lebensmüde (Szene aus dem Harry-Langdon-Film ›The Big Kick‹)

fuß. So, als wären sie unter Marsmenschen aufgewachsen. Neben der Unschuld Langdons kann Hulot manchmal geradezu lebensmüde wirken. Philip Strick bemerkt: »Die Tragik in den Hulot-Komödien ist eine alltägliche; er hat Schwierigkeiten mit der Umwelt, weil er mit seiner Größe nicht zurecht kommt. In seinem introvertierten Wesen ähnelt er Langdon und Keaton.«[15]
Über Langdons Begriffsstutzigkeit schreibt Walter Kerr: »Seine Gedanken kommen einzeln und in großen Intervallen.«[16]
Seine Schwerfälligkeit wirkt besonders komisch, wenn er in Autojagden, Faustkämpfe oder andere chaotische Situationen verwickelt wird. Auch Hulot denkt langsam. Er scheint sich immer nur mit der Gegenwart zu beschäftigen, die gerade überstandene Katastrophe ist im nächsten Moment vergessen. Hulot und Langdon gehen völlig in ihrer jeweiligen Beschäftigung auf. Bei-

de partizipieren sie leidenschaftlich am Leben. Wie ein Kind, das die Eltern nachahmt, richtet Harry sich begeistert nach dem Verhalten seiner Umgebung. Er zeigt sein Bedürfnis nach Anerkennung etwas offener als Hulot. Wie komisch wirkt es, wenn der unschuldige kleine Harry plötzlich amouröse Absichten für eine Dame bekundet oder in das herzliche Lachen seiner Kameraden einstimmt und dabei in blinder Begeisterung meistens über das Ziel hinausschießt. Ebensowenig kann Hulot seinen wahren Charakter verbergen. Das kurze Tennisspiel von *Mein Onkel* bereitet ihm einen wahrlich übertriebenen Genuß. Bei der schicken Cocktailparty im Haus der Arpels versucht er ebenso verzweifelt wie erfolglos, mit den Gästen ins Gespräch zu kommen. Alle sind peinlich berührt, als er auch noch eine schlüpfrige Anekdote zum besten gibt. Hulot und Langdon sitzen quasi auf der Reservebank und warten auf ihren Einsatz. In ihrem Kommunikationsbedürfnis, gepaart mit Unerfahrenheit, neigen sie zu deplazierten und übertriebenen Reaktionen. Dabei täten sie besser daran, sich zurückzuhalten.

Beide haben die liebenswürdige Eigenschaft, nicht nachtragend zu sein. In keinem ihrer Filme gibt es Streit oder Animositäten. Eher merken sie nicht, wenn man sie schlecht behandelt. Langdon ist unschuldig wie ein Kind, das den ›Eltern‹ ebenso rasch wie uneingeschränkt vergibt.

Beide lassen sich leicht einschüchtern. Hulot reagiert sofort schuldbewußt und ängstlich, zum Beispiel als der Hotelangestellte in *Die Ferien des M. Hulot* ihn drohend anstarrt. Er merkt, wenn er etwas falsch macht, und vertuscht die Sache schleunigst oder läuft davon. Folgt man dem ärgerlichen Blick des Portiers auf die schmutzige Fußspur, die zur Garderobe führt, entdeckt man den schlotternden Hulot, der sich zwischen den Mänteln versteckt.

Ebenso gedankenlos und automatisch wie Harry sich seiner Umgebung anzupassen versucht, wird Hulot agieren, um akzeptiert zu werden. In *Die Ferien des M. Hulot* gibt es ein einfaches Beispiel für dieses Verhalten: Hulot stürzt sich auf eine junge Dame, um ihr Gepäck einen Berg hinaufzutragen, obwohl er sie nicht einmal kennt. Er entdeckt sie in der Halle und hilft ihr ganz selbstverständlich, ohne Vorstellung oder Erklärung. Kennenlernen will er sie nicht, sondern sucht einfach Gesellschaft.

Bei den mehr oder weniger offensichtlichen Gemeinsamkeiten

der beiden Komiker wird eine andere leicht übersehen: Langdon ist nur im Kontext der Filmkomödie seiner Zeit zu verstehen. Die Figur Langdons ist ein Konglomerat verschiedenster, bereits etablierter Komödiencharaktere und -konventionen. Wäre er einer der ersten Filmkomiker gewesen, hätte niemand ihn verstanden. Er brauchte einen vorgegebenen Rahmen, in dem er sich entfalten konnte. Walter Kerr nannte ihn die »Interpunktion« im »Satzgefüge« der Stummfilmkomödie. Ebenso ist Tati ein Produkt seiner Zeit, wenn auch die Themen seiner Filme aktuelle Stoffe aufgreifen. Technik und Erzählweise muten oft altmodisch an. Seine Schweigsamkeit ist viel witziger, als sie in einem Stummfilm sein könnte, denn schließlich kann er ja reden (und spricht tatsächlich manchmal), das erhöht den komischen Effekt. Die Unterhaltungen der Personen sind oft nur Lautmalerei. Über den Witz hinaus enthüllen sie auch die Qualität mancher Unterhaltung (und der meisten Dialoge im Film). Der Verzicht auf dramatischen Aufbau hebt sich positiv von der straffen dramatischen Struktur vieler zeitgenössischer Filme ab. Tatis Filme passen nicht in feste Kategorien, sondern liegen genau dazwischen.

Die folgende Beschreibung Langdons könnte ebenso gut auf Hulot passen: »Wir können ihn nicht festlegen, in eine Schublade stecken, ihn aufklären, deshalb schlägt er uns in seinen Bann. Er ist bestenfalls ein bezaubernder Unbekannter, der unbeirrt seinen Weg geht, ohne sich für seine Eigenheiten zu entschuldigen.«[17]

Der Vergleich zwischen Hulot und dem letzten großen Stummfilmkomiker, Harold Lloyd, ist schwieriger. Lloyd hat die Figur des strahlenden, optimistischen amerikanischen Superjungen in jahrelanger Arbeit entwickelt. Der »Brillenjüngling«, wie man ihn wegen seiner runden Brillengläser schnell nannte, tauchte erst auf, nachdem Lloyd sich von seinen kunstfertigen Vorläufern getrennt hatte. Anders als bei Chaplin, Keaton, Langdon oder Tati, kam Lloyds neue Leinwandpersönlichkeit seinem tatsächlichen Charakter recht nahe. Er war das Vorbild, das alle Amerikaner bewunderten: fleißig, ausdauernd, voll Tatendrang und Optimismus. Keaton und später Tati sollten auf das Publikum irritierend wirken und es gleichzeitig auf seine eigenen Fehler aufmerksam machen. Lloyd verstärkte nur die Verhaltensmuster seiner Zuschauer.

Tati-Vorgänger Harold Lloyd: ein Clown, der durch seine Körperlichkeit wirkte (Szene aus ›Der Traumtänzer‹)

Lloyd war zunächst und vor allem ein Clown, der durch seine Körperlichkeit wirkte. Die Subtilität und die Sentimentalität eines Chaplin lagen ihm nicht. Die tollkühne Akrobatik Keatons war eher sein Metier; atemberaubend kühne Kunststücke sollten sein Markenzeichen werden. Anders als Keaton verhielt er sich in jeder Situation wie ein Normalbürger. Egal, ob er an der Fassade eines fünfzehnstöckigen Gebäudes hing oder in schwindelerregender Höhe über die Eisenträger eines sich im Bau befindlichen Wolkenkratzers kroch, er reagierte immer gleich: mit größtem Entsetzen. Seine Filme sollten aufregend und unterhaltend sein – wer wollte deshalb ihre Existenzberechtigung bestreiten. Tatis Filme funktionieren ebenfalls auf dieser Ebene und gehen in ihrer entlarvenden Funktion zugleich über sie hinaus. Wenn der Ausflug mit dem Automobil in *Hot Water* für die Familie fast in einer Katastrophe endet, will Lloyd damit seinen Zuschauern nicht etwa nahelegen, ihre Haltung zum Auto einmal zu überprüfen. Mit *Trafic* dagegen möchte Tati sehr wohl eine kritischere Haltung des Publikums erreichen.

Dennoch haben die beiden Künstler vielfältige Berührungspunkte. Am nächsten kommen sie sich in der Vorliebe, unschuldige Personen gegen ihren Willen in Schwierigkeiten zu bringen. In *Feet First* hat Lloyd sich in einem Postsack als blinder Passagier auf ein Schiff geschmuggelt. Bei der Zustellung steckt Harold noch immer in seiner Umhüllung. Trotz heftiger Anstrengungen kann er sich nicht aus dieser Notlage befreien und wird über ein Gerüst ein hohes Gebäude hinaufgezogen. Daraus entsteht eine der atemberaubendsten Szenen, in der er verzweifelt versucht, sich in Sicherheit zu bringen. Da Lloyd eine ganz gewöhnliche Person verkörpern soll, bedarf es ausgesuchter erzählerischer Kniffe, um derart ausweglose Situationen zu rechtfertigen. Tatis Hulot, ein Mann von eher individueller und selektiver Wahrnehmung, kann sehr viel leichter in Schwierigkeiten geraten. Mit der Unschuld eines Kindes bringt sich Hulot in die mißlichsten Lagen, man denke nur an das zusammenbrechende Kanu in *Die Ferien des M. Hulot* oder die aus Versehen abgerissene Efeubewachsung des Hauses in *Trafic*. Lloyds unverhüllte Begeisterung und Hulots stilles Bedürfnis, überall dabeisein zu müssen, sind sich in vielem gleich. Im Grunde sind sie beide meistens überfordert.

In *The Freshman* taucht Lloyd bei einer Schulparty im geliehenen, etwas ramponierten Smoking auf. Während Harold versucht, Haltung zu bewahren, umschleicht ihn ein heruntergekommener Schneider, der, hinter Möbeln und Gardinen versteckt, vergeblich versucht, den Anzug zusammenzuflicken. Die Gags und die Ausgangssituation lassen sich mit der Arpelschen Cocktailparty vergleichen, auf der Tati verzweifelt Anpassungsversuche unternimmt. Er möchte sein Unbehagen oder seine Angst überspielen, ähnlich wie Harold, der sich bemüht, sein Gesicht zu wahren. Hier sollte sich Harold einmal nicht nur aus einer gefährlichen Lage befreien, sondern will von seiner Umgebung akzeptiert werden. Die Situation bringt ein Bedürfnis nach zwischenmenschlicher Wärme und gegenseitigem Verstehen zum Ausdruck. Hulot ruft die gleiche Reaktion hervor, wenn er in seinem Piratenkostüm als einziger Mann zum Maskenball in *Die Ferien des M. Hulot* erscheint. Man fühlt seine Einsamkeit, seinen Wunsch, jemanden zu beschützen. Lloyd signalisiert dies selten.

Grundsätzlich unterscheidet Tati sich von den Stummfilmkomikern durch das höhere Alter seines Protagonisten. Die Schöpfungen von Chaplin, Keaton, Lloyd und Langdon sind alle sehr viel jünger. Lloyd stilisierte eine jugendliche Ausgelassenheit, Langdon war fast noch ein Kind, Keaton und Chaplin sahen sich gerne in der Rolle des jugendlichen Liebhabers. Hulot ist ein Gentleman; er bewegt sich seinem Alter angemessen und mit Würde durchs Leben, seine Wahrnehmungsfähigkeit ist ein wenig langsam. Von amourösen Abenteuern ist er weit entfernt, ganz so, wie man es von einem gesetzten Herrn erwartet. Das Interessante dabei ist, daß bereits mit *Die Ferien des M. Hulot* die Persönlichkeit der Figur festgelegt war, obwohl Tati damals erst Anfang vierzig war. Ganz sicher hat er seinen Hulot nicht als älteren Herrn konzipiert. Vielmehr haben Hulots natürliche Schüchternheit und sein verhaltenes Wesen ihn relativ bruchlos in die Rolle des älteren Mannes übergehen lassen. Entsprechend flüchtig sind seine romantischen Neigungen und für die Handlung ohne Bedeutung.

Der weitgehende Verzicht auf Dialoge legt einen Vergleich von Tatis Filmen mit frühen Stummfilmen nahe. Die Entscheidung für die Verwendung von Ton bzw. die Arbeit ohne Ton sind allerdings nicht das Ausschlaggebende, wenn man zum Beispiel daran denkt, daß die besten Stummfilmkomödien mit einem Minimum an Zwischentiteln auskamen. Tatis Filme verlassen sich selten auf das gesprochene Wort, deshalb müssen sie für ein fremdsprachiges Publikum kaum untertitelt werden. Wer wollte bei einem dialogarmen Film mit durchgehender Musik von einem Stummfilm sprechen? Die Musik ist eine der wesentlichsten Komponenten im Werk Tatis. Er beschränkt sich nicht zufällig auf die technischen Möglichkeiten des Stummfilms. Die ausgeklügelten und vielsagenden Geräuscheffekte, die er in die Tonspur einbaut, sind grundlegende Elemente seiner Komödie und bieten ihm Ausdrucksmöglichkeiten, von denen die Stummfilmkomiker nur träumen konnten. Man kann darüber spekulieren, warum der Regisseur die vielfältigen Möglichkeiten der modernen Filmtechnik so wenig nutzt und ganz auf witzige Dialoge verzichtet. Eine mögliche Antwort auf diese Frage gibt Walter Kerr, wenn er die Vorzüge der Stille beschreibt: »Die Stille regt die Phantasie an. Sie ist ein Geschenk, mit dem die Menschen die Realität überlisten können. Ein Teil dieser unerfreulichen Welt ist glücklicherweise ohnehin schon zerstört worden. Wie sehr das die Sache erleichtert. Die Phantasie der Menschen wurde zusammen mit ihren Gliedmaßen befreit, und niemand hatte Einwände dagegen. Ich glaube nicht, daß jemand sich je darum gekümmert hat, ob die Komödie eine Stimme gefunden hat oder nicht.«[18]

Die Aufnahmegeschwindigkeit des Stummfilms gibt diesen Komödien eine spezifische Qualität. Die etwas zu schnellen Bewegungen der Komiker sind vielleicht ihr bekanntestes Charakteristikum. Die Großen unter ihnen vermochten auch noch aus diesem Zappeleffekt Gewinn zu ziehen. Walter Kerr meint sogar, dieses Tempo erlaube es Leuten wie Chaplin, Keaton und Lloyd, ihre Charaktere viel außergewöhnlicher zu präsentieren. Er geht so weit, zu behaupten, daß sie bei der heute üblichen Vorführgeschwindigkeit an Wirkung verlieren würden. Der Nimbus des Ungewöhnlichen ginge verloren, sie wären plötzlich ganz gewöhnliche Leute mit, zugegebenermaßen, überdurchschnittlichen Talenten. Das bißchen mehr Tempo schien der Grund für ihre Schwerelosigkeit zu sein. In der Geschwindigkeit, mit der er durch die Welt geht, unterscheidet sich Hulot von seinen Vorgängern. Ausschlaggebend ist dabei nicht etwa eine weiterentwickelte Kameratechnik, sondern seine Persönlichkeit. Er bewegt sich nie schneller als absolut nötig. Tati paßt seine Figur der Trägheit des modernen Tonfilms an, so wie frühere Komiker ihre Charaktere den Eigenarten des Films ihrer Zeit angepaßt haben. Hulot ist ein Mensch wie jeder andere, der nur durch seinen vorgebeugten, würdigen Gang aus dem Rahmen fällt. Um so komischer wirkt es, wenn er unvermittelt in Bewegung ausbricht. Tati ist sich seines Erbes wohl bewußt. In Interviews und Vorträgen hat er Chaplin und Keaton oft erwähnt. Als er 1959 für *Mein Onkel* den Oscar für den besten Film des Auslandes erhielt, ließ er es sich nicht nehmen, Mack Sennett aufzusuchen. Er arrangierte eine Party in Sennetts Alterswohnsitz und lud bei dieser Gelegenheit drei weitere Publikumslieblinge ein: Stan Laurel, Harold Lloyd und Buster Keaton.

Tatis Entwicklung

Tatis Vater und sein Großvater mütterlicherseits waren Bilderrahmer. Jacques sollte in ihre Fußstapfen treten und das florierende Geschäft weiterführen. Zur Vorbereitung auf den künftigen Beruf schickte man ihn mit 16 Jahren auf ein Polytechnikum. Als junger Mann arbeitete er in England und entwickelte in dieser Zeit eine Leidenschaft für das Rugbyspiel. Penelope Gilliatt stellt sich den jungen Mann als Amateursportler vor: »Was für einen wunderbaren Anblick muß er auf dem Spielfeld geboten haben. Mit seinen fast zwei Metern Länge konnte er sich mühelos wie ein Rohr im Wind nach jeder Richtung biegen. Immer leicht vornübergebeugt, wobei die gestreiften Socken aus den Hosenbeinen herausschauten ...«[19]
Damals begann er, seine Freunde mit spontanen Pantomimeneinlagen zu unterhalten, in denen er ihr Rugbyspiel persiflierte. Dabei hat er wohl die berühmte Hulot-Haltung entwickelt, die Gilliatt beschreibt. Die Begeisterung der Freunde veranlaßte ihn, sich eine ganze Reihe von Sportpantomimen auszudenken, die er bei allen möglichen Gelegenheiten präsentierte. Diese frühen Schöpfungen tauchen dann in den verschiedensten Varianten in seinen Filmen auf, man denke nur an das Tennisspiel in *Die Ferien des M. Hulot*.
Sein Entschluß, Pantomime zu werden, wurzelt auch in frühen Kindheitserlebnissen. Er hatte als Kind ein ausgeprägtes visuelles Gedächtnis, seine deutlichsten Erinnerungen an komische Szenen sind ihm in Bildern präsent. »Noch heute könnte ich meine Kommunion nachdrehen. Ich sehe meine Großmutter vor mir, die ich sehr liebte. Vielleicht habe ich mich aus einem starken bildlichen Erinnerungsvermögen heraus dem Slapstick zugewandt. Komödie beruht auf der Beobachtung von Leuten.«[20]
Wie Max Linder begann Tati seine Laufbahn mit vereinzelten Abendauftritten in Cafés. Sein Repertoire bestand aus dem Rugbysketch, in dem er Torwart, Spieler und Zuschauer zugleich war, und einigen neuen Nummern wie *Die Straßenbahnfahrt* und *Der Angelausflug*. Jahrelang war er brotlos und ohne Arbeit, bis er sich unverhofft eines Tages zusammen mit Maurice Chevalier in einem Programm im Ritz fand. Obwohl er nervös war und nur zögernd auf die Bühne ging, war er ein Riesenerfolg. Danach trat

er in ganz Europa in Varietés und im Zirkus auf. Amerika hätte ihm offengestanden, wäre nicht 1939 der Krieg ausgebrochen.
Colette war von ihm begeistert und verfolgte seine Arbeit sehr aufmerksam. 1936 schrieb sie in *Le Journal:* »An dieses erstaunliche Talent reicht kein Akrobat, kein Pantomime heran. Seine Kunst umfaßt Tanz, Sport, Satire und Flitter, in seinen Auftritten ist er der Fesselballon und sein Steuermann zugleich, der Boxer und sein Gegner, das Fahrrad und sein Fahrer. Er hat das Zeug zu einem großen Künstler.«[21]
In Tatis Pantomimen wurde der Gesichtsausdruck zugunsten einer zunehmenden Betonung des ganzen Körpers zurückgenommen. Er hat oft darauf hingewiesen, wie wichtig die Beinarbeit eines Clowns ist. Seine Bemerkung über Keaton ist ein weiterer Hinweis auf die Ähnlichkeit der beiden Künstler: »Niemand arbeitet perfekter mit den Beinen als Keaton. Seine Beine könnten eine Tonspur, ein Dialog für sich sein: erst die Frage, dann die Entscheidung, schließlich Angst.«[22]
Tati ist sich einer weiteren Verbindung zwischen seiner Filmarbeit und den Bühnenjahren bewußt. Das Live-Publikum, das nur schwer zufriedenzustellen ist, hat ihn gelehrt, sich auf das absolut Notwendige zu beschränken. »Niemand kann Filmkomödien machen, der sein Handwerk nicht auf der Bühne und in Tuchfühlung mit dem Publikum gelernt hat. Alles andere muß zur literarischen Komödie geraten.«[23]
Eine Analyse seiner Filme kann auf den Aspekt der Bühnenerfahrung nicht verzichten. Er hat sich nicht zugunsten des Films von der Bühne abgewandt, sondern kehrt immer wieder dorthin zurück. 1961 trat er mit einer sehr erfolgreichen Show mit dem Titel *Jour de fête à l'Olympia* auf, in die viele Gags aus *Tatis Schützenfest* eingearbeitet sind.
Seine Beobachtungsgabe sensibilisierte ihn für den Alltagswitz. Er wollte seine realistischen Komödien »demokratisch« verstanden wissen. Anders als auf der Bühne, wollte nicht er im Rampenlicht stehen. Film schien ihm das natürliche Ausdrucksmittel für seine Vorstellungen.
Die französische Filmindustrie der Depressionszeit war nach Einschätzung von Georges Sadoul ziemlich heruntergekommen: »Durch den zahlenmäßigen Anstieg der Produktion gab es immer mehr zweitklassige Filme.«[24]
Zu den herausragenden Filmen der Ära zählen die von René

Clair und Jean Renoir, die beide sehr gut Komödien inszenieren konnten. Hinsichtlich der Inhalte und der Form hatte Clair eine Vorliebe für ältere Filme und schätzte die Pioniere Max Linder und Feuillade. *Schweigen ist Gold (Le Silence est d'or)* aus dem Jahre 1946, lange nach der Depression, ist eine Hommage an den Stummfilm. Tatis stilistisch ähnliche Orientierung führte dazu, daß er wenig später ebenfalls auf den Stil früher Filme zurückgriff.

Roy Armes bemerkt zu René Clair: »Der große Charlie Chaplin beeinflußte Clair in starkem Maße. Beide bewahrten ihre konservative Haltung gegenüber dem Medium. Bei Clair muß Film vor der Kamera stattfinden, wird also nicht direkt mit der Kamera hergestellt.«[25]

Sozialkritik ist nicht gerade die Stärke des Regisseurs. *Es lebe die Freiheit (A nous la liberté)* beschreibt zwar die Seelenlosigkeit des modernen Lebens, schließt aber trotzdem mit einer Utopie des Müßiggangs. Sein Hang zur lockeren Komödie und eine capraeske Sentimentalität verwässerten meistens die kritische Aussage seiner Filme. Tati dagegen vermochte die Kluft zwischen der leichten Komödie und handfester Sozialkritik zu überbrücken, indem er seine Themen satirisch präsentierte. Clairs *Le dernier milliardaire* gibt zwar vor, die bestehenden gesellschaftlichen Verhältnisse aufs Korn zu nehmen, aber Georges Sadoul hat zu Recht darauf hingewiesen, daß ihm die nötige Schärfe fehlt. Tati dagegen läßt es daran nie mangeln.

Sein sparsamer Einsatz von Ton allerdings ist weniger innovativ, als man zunächst vermuten möchte. Als der Tonfilm sich äußerster Popularität erfreute, vertrat René Clair die Auffassung, es sei absurd, Geräusche und Sprache um ihrer selbst willen einzusetzen. Arthur Knight schreibt dazu: »In *Unter den Dächern von Paris (Sous les toits de Paris,* 1929), *Le Million* (1931) und *Es lebe die Freiheit (A nous la liberté,* 1931) arbeitete er mit einem Minimum an Dialog und benutzte Musik, Revuenummern und Geräusche, um die Bilder zu konterkarieren und kommentieren. Mit dem Prinzip des asynchronen Tons ... entdeckte Clair eine neue Freiheit.«[26]

Frühe Tonfilme Jean Renoirs wie *Boudu – aus den Wassern gerettet (Boudu sauvé des eaux)* und *Das Verbrechen des Herrn Lange (Le Crime de Monsieur Lange)* zählen zu den herausragenden französischen Filmkomödien der Depressionszeit. *Bou-*

René Clairs ›Schweigen ist Gold‹ (1946) ist eine Hommage an den Stummfilm

du – aus den Wassern gerettet erzählt die Geschichte der Freundschaft des zutiefst unsozialen Landstreichers Boudu mit einem typischen Angestellten und bürgerlichen Familienvater, der ihn vor dem Ertrinken gerettet hat. Michel Simon verkörpert brillant die Figur dieses Halbwilden, der in das Haus des Angestellten eingeladen wird. Aus dem Aufeinanderprallen der divergierenden Existenzformen ergeben sich ebenso komische wie entlarvende Szenen. Boudu ist zwar aggressiv und läßt sich nicht aufs Kreuz legen, gleichzeitig hat er jenen unschuldigen, unberechenbaren und objektiven Blick, mit dem Hulot 20 Jahre später die gesellschaftlichen Verhältnisse betrachten wird.

In seinem Buch *Jacques Tati* vergleicht Cauliez die beiden Charaktere und stellt in diesem Zusammenhang die Frage, ob Boudu und Hulot wirklich so frei von gesellschaftlichen Zwängen sind. »Hulot wie auch Renoirs Boudu ... lassen sich keine Fesseln anlegen (wie Ehe oder Beruf). Doch Hulot ist eher gebunden. Boudu erbettelt sein Brot, Hulot ist von den Entscheidungen seines Schwagers abhängig.«[27]
Tatis erste Filmversuche stammen aus dem Jahr 1931. Er filmte eine seiner Bühnennummern, *Oscar, champion de tennis*. Dieser Film, der übrigens nie fertiggestellt wurde, war nicht mehr als eine erste Bekanntschaft mit der Technik und hielt eine seiner Nummern auf Zelluloid fest. Die Tennispantomime taucht Jahre später in Auszügen in *Die Ferien des M. Hulot* auf. Als nächstes wagte der Regisseur sich 1934 an *On demande une brute*, der sein erster vollendeter Film werden sollte. Charles Barrois führte Co-Regie, der junge René Clément war Regieassistent. Das Buch, an dem Alfred Sauvy mitarbeitete, zeichnete sich bereits durch charakteristische Schlichtheit aus. Es ging um einen sanften, unaggressiven Mann, der von seinem zänkischen Weib tyrannisiert wird. Das Gerücht taucht auf, er sei ein fabelhafter Ringkämpfer. Die Schwierigkeiten werden unausweichlich, als er gegen einen echten Ringer antreten muß. Der Vergleich mit einer frühen Boxkomödie Sennetts bietet sich an, *The Knockout*, mit Fattie Arbuckle und Chaplin, in einer seiner ersten Rollen, als Schiedsrichter. Nicht zu vergessen die glänzend inszenierte Boxsequenz in *Lichter der Großstadt (City Lights)*. Auch in einem frühen Lloyd-Film taucht das Motiv des Boxens auf: Der unerfahrene Harold wird zum Ring geführt und liest dabei in einem Buch *Boxen leicht gemacht*. Tati verwendet also ein bekanntes Thema; wichtig an dem Film ist aber, daß er bereits im Ansatz den Archetypus entwickelt, den Hulot später darstellt. Beylie, von dem diese Beobachtung stammt, schreibt: »Der Film bringt einen völlig neuen komischen Charakter; tolpatschig, unbeholfen, er erinnert an einen Seiltänzer, weiß nicht, wohin mit seinen langen Gliedmaßen ... Tatis Komödie basiert nicht auf Farce oder Clownerie, sondern hat eine halb vegetative, unbewußte Qualität. Nie kann Hulot etwas für die Dinge, die ihm zustoßen.«[28]
Im darauffolgenden Jahr, 1935, entstand sein zweiter Kurzfilm, *Gai dimanche*. Jacques Berr führte Regie, als Tatis Partner ist

der Clown Rhum zu sehen. Philip Strick beschrieb Tatis Rolle als die des »glücklosen Dandy«[29], dem es nicht recht gelingt, die Armut hinter seinem einzigen guten Anzug zu verbergen. Zu Beginn taucht Tati aus einer Metrostation auf, wo er die Nacht verbracht hat. Ein Hausierer, mit dem er befreundet ist, überredet ihn zu einem Picknick im Grünen. Nach einer phantastischen Serie von mechanischen Tücken ihres Automobils (*Trafic* nimmt erste Formen an) und nach einer Reihe gastronomischer Verwicklungen endet das Picknick im Chaos. Beylie und Strick stimmen darin überein, daß der Film recht einfallslos und streckenweise unbeholfen ist. Er gibt Tati wenig Gelegenheit, seine Talente zu entfalten. Strick liest aber auch eine Entwicklung an ihm ab, wenn er diesen Film im Kontext der späteren Werke betrachtet. »In ihrem Bemühen, sich in eine Umgebung einzufügen, in die ein langer Lulatsch nicht paßt, trägt die Hauptfigur deutlich Hulots Züge.«[30]

Der Autor stellt außerdem fest, daß die Tonspur in ihrer einfachen Mischung aus natürlichen Umweltgeräuschen und mechanischen Tönen Charakteristika der späteren Arbeit vorwegnimmt. Weiterhin sieht Beylie eine klare Verbindung zwischen dieser kruden Geschichte von den unglücklichen Ausflüglern und den Filmen, die zwanzig, dreißig Jahre später folgen sollten. Als Belege zitiert er einige Szenen, anhand deren er die Verwendung des Tons in Tatis Frühwerk beschreibt: »Ein Kleinkind, im Auto verborgen, imitiert das Motorgeräusch ... Ein kleines Mädchen steht auf einem Hügel und bläst in eine Trompete (sie klingt wie ein Jagdhorn), während die Erwachsenen einem Huhn nachjagen, das sie kochen wollen ...«[31]

In einem wichtigen Punkt kommt dieser Film der Vollendung von Tatis filmischem Charakter schon sehr nahe: »Die Figur im Bild steht bereits ängstlich herum, ein Charakter, der später von den Ereignissen gebeutelt werden wird, träge vom Wind bewegt wie eine Signalflagge, die auf einzigartige Weise zur Wetterfahne wird.«[32]

Soigne ton gauche, 1936, war Tatis nächster Film. Er schrieb das Buch, René Clément führte Regie. Beylie behauptet, daß sich hier Tatis filmisches Talent erstmals richtig entfalten konnte: »Diesmal kommt sein Talent voll zum Tragen, weil er mehr Freiheiten hat und auch die Inszenierung ungleich geschickter ist als in den vorhergehenden Filmen.«[33]

Der Film enthält viele Symbole und Leitmotive, die Tati bis dato in seiner künstlerischen Arbeit verwendet hatte. Die Drehorte sind frühe Beispiele für die ländlichen, alltagsnahen Schauplätze, die zehn Jahre später in *Tatis Schützenfest* zu sehen sind. Der gestreifte Pullover ist zweifellos ein Vorläufer von Hulots ausgefallenen Ringelstrümpfen. Da gibt es einen Postboten, der blindlings durch die Gegend saust (wie die Hauptfigur in *Tatis Schützenfest*). Sogar eine Kinderbande spielt (wie in *Mein Onkel*) eine wichtige Rolle. Der Bauernjunge, der in der Scheune gegen einen unsichtbaren Gegner kämpft, ist die perfekte Inkarnation »der kämpferischen Natur Tatis«.[34] Grundsätzlich vermittelt der Film den Eindruck von empirischen Menschen und Schauplätzen. Die Ereignisse haben einen halbdokumentarischen Charakter, ohne Beschönigungen. Beylie nimmt an diesem Film bereits die Kristallisation von Elementen wahr, die Tatis Filmcharaktere von Chaplin, Keaton und Langdon unterscheiden. Tati geht aus dem Film als der unermüdliche, optimistische Streiter hervor, »der davon träumt, die Welt zu besiegen«.[35] Es ist egal, wie oft oder wie überraschend er geschlagen wird. Tatis erster Spielfilm, *Tatis Schützenfest,* ist von eben diesem still-beharrlichen Geist beseelt. Er handelt von einem geschwindigkeitsbesessenen Postboten, der die Post schneller als alle Vorgänger zustellen will. *Die Ferien des M. Hulot* besteht größtenteils aus aneinandergereihten Gags, die um Hulots wettkämpferischen Geist kreisen: Ob zu Pferd, beim Tennis oder beim Tischtennis – er muß Sieger sein.

Den auf *Soigne ton gauche* folgenden Kurzfilm machte er völlig in eigener Regie. *Retour à la terre* entstand 1938 und ist, im Vergleich mit den früheren Arbeiten, relativ unbedeutend. Der Schnitt ist, wie schon bei den anderen Filmen, nicht gelungen, seine Motive und ländlichen Schauplätze findet man allerdings auch hier. Tati spielt das ganze Spektrum der Manierismen aus, die er beim Varieté gelernt hat.

Der Zweite Weltkrieg unterbrach Tatis Karriere für sechs Jahre. Er war als Soldat einige Zeit in dem Dorf Ste.-Sévère-sur-Indre stationiert, das ihn zu *Tatis Schützenfest* inspirierte; außerdem realisierte er hier den Film. In der Armee traf Tati auch den Mann, dessen Wesenszüge Hulot am nächsten kommen sollten.

Der erste Spielfilm

Nach dem Krieg spielte Tati zunächst zwei kleine Rollen in den Filmen seines Freundes Claude Autant-Lara. In *Sylvia und das Gespenst* (*Sylvie et le fantôme*, 1945) taucht er nur als freundlicher Schloßgeist in Doppelbelichtung auf und spukt durch die Gänge des alten Hauses. Dieser Part ist enttäuschend, weil er ihm keine Gelegenheit bietet, sein körperliches Ausdrucksvermögen ins Spiel zu bringen. Im folgenden Jahr entstand *Teufel im Leib* (in Deutschland auch noch unter dem Titel *Stürmische Jugend* im Verleih gewesen, *Le Diable au corps*), in dem Tati kurz in einer Gruppe von Soldaten auftaucht, die, um ein Klavier geschart, den Sieg von 1918 feiert.
Mit dem Kurzfilm *L'École des facteurs* kehrte Tati zur eigenen Filmarbeit zurück. In Ste.-Sévère-sur-Indre, wo er einen Teil der Kriegszeit verbracht hatte, erfand er die Figur des François, jenes langbeinigen Postboten, der die Post in Rekordzeit zustellen wollte. Übrigens ist dies der einzige seiner Kurzfilme, von dessen Qualität Tati überzeugt ist. An diesem Projekt arbeitete er zusammen mit Henri Marquet, der ihn später auch bei *Tatis Schützenfest* und *Die Ferien des M. Hulot* beriet. Der Film hatte Tati nur ein paar tausend Francs gekostet und war so erfolgreich, daß er beschloß, die Geschichte in einem abendfüllenden Film zu verarbeiten.
Er konnte genug Geld auftreiben, um den Plan in die Realität umzusetzen. *Tatis Schützenfest* erzählt die Geschichte des Postboten François, der dem Publikum aus dem vorhergehenden Kurzfilm vertraut war. Die Kritik in der *New York Times* trifft den Tenor des Films: »Die Geschichte handelt von François, dem Postboten. Er liebt seine Arbeit, liefert so nebenbei die Post, indem er mit professionellem Eifer durch die Gegend radelt. Dabei hält er schon einmal auf einen Schwatz oder hilft beim Heumachen; bis der Jahrmarkt wiederkommt.«[36]
Das große Ereignis oder *Fest* handelt lediglich von einer wandernden Schaustellergruppe, die einmal im Jahr, und dann nur für einen Tag, durch den Ort kommt. Um so größer ist die Aufregung der Dorfbewohner. Unser Held, François, ist zutiefst beeindruckt von der Wochenschau des Wanderkinos. Darin wird die Effizienz des amerikanischen Postsystems vorgeführt. Da-

43

nach necken die Dörfler François wegen seines langsamen Postdienstes. Er stellt sich nach Kräften der Herausforderung: Postzustellung à la Amerika. In der Besprechung der *New York Times* heißt es: »Voller Inspiration und Landwein saust François durch die Gegend mit dem Eifer eines betrunkenen Matrosen ...«[37]

Der Film hat eine einfache Struktur, die Slapstickgags werden aneinandergereiht. Hinter deren Schlichtheit verbergen sich Konflikte, die in allen anderen Filmen auftauchen werden: Mensch gegen Maschine, die Alte Welt gegen die Neue, Erfolg gegen Mißerfolg. Der Film beginnt mit der Ankunft der hölzernen Karussellpferde auf einem Lastwagen. Der stets eifrige François beaufsichtigt eine Gruppe Dörfler beim Aufrichten der

›Tatis Schützenfest‹: Der stets eifrige François (Jacques Tati) beaufsichtigt das Aufrichten einer Fahnenstange

Fahnenstange. Als sie kippt, sucht François blitzschnell Deckung im nächsten Haus und schaut fast im selben Moment aus einem Fenster, wobei der Mast durch das darunterliegende Vordach kracht. François' schnelles Reaktionsvermögen ist eine Eigenschaft, die für Hulot charakteristisch ist. In *Die Ferien des M. Hulot* taucht Hulots Kopf stets im Dachfenster auf, nachdem er wieder einmal ein Unheil angerichtet hat. François kann am Ende blitzschnell auf sein Fahrrad springen oder absteigen. Er gönnt sich kaum die Zeit, in Ruhe die Post zu sortieren; das macht er auf dem Anhänger eines Lastwagens in voller Fahrt. In seinem verrückten Überschwang fährt er mitten durch ein Kartoffelfeuer oder liefert die Post an den ungewöhnlichsten Stellen ab.
Der festliche Übermut François' endet schließlich im Straßengraben. Eine alte Frau tröstet ihn: Zu viel Aktivität kann gefährlich werden. Er schämt sich und gesteht, verkatert zu sein. »Ich war durchgedreht.« Dann sieht man ihn auf dem Feld bei der Heuernte: ein trauriger, aber auch klügerer Mann. Der Film endet so ruhig, wie er begann. Ein kleines Kind läuft dem Lastwagen nach, auf dem die Karussellpferde abtransportiert werden.
Publikum und Kritik reagierten recht wohlwollend. Häufig wurde jedoch bemängelt, der Film hätte für seine Länge zuwenig Einfälle. Philip Strick zitiert die Besprechung aus *The News Chronicle,* in der von einem »Slapstick in der Tradition der *Zweiakter* Mack Sennetts«[38] die Rede ist. Und weiter heißt es bei Strick: »Der Rezensent mutmaßt, ›wahrscheinlich sind die ersten 45 Minuten nur da, um auf die üblichen 80 Minuten zu kommen. Danach wird daraus ein unglaublich komischer Slapstick‹.«[39]
Tatis Stil und die Wahl seiner Themen spaltete die Kritik zunehmend, besonders je länger die Filme wurden. Kurzfilme vertragen Tatis abschweifenden, handlungsarmen, forschenden Stil gerade noch. Aber bei längeren Filmen, wie zum Beispiel *Tatis Schützenfest,* ist diese Struktur äußerst problematisch.
Georges Sadoul konstatiert die Schwächen der Handlung und meint, der dörfliche Hintergrund hätte als Gegengewicht mehr ausgeführt werden sollen. »Der von ihm geschaffene Charakter allerdings ist sehr lebensnah; mit ihm hat er fast schon einen Typ erfunden.«[40]
Die Stärke des Films sind die Gags und die Figur des François. Das *Time*-Magazin beschreibt ihn als »schlaksigen, bäuerlichen Briefträger mit traurigem Gesicht. Er sieht aus wie eine Mi-

›Tatis Schützenfest‹: Der schlaksige Briefträger François (Jacques Tati) scheint wie verwachsen mit seinem Fahrrad

schung aus de Gaulle und dem Stummfilmkomiker Charles Chase.«[41] Philip Strick weist auf einen gemeinsamen Charakterzug von Hulot und François hin: »Er ist ein einsamer Clown, ohne Mitleid zu heischen ...«[42]

Tati ruft beim Zuschauer ganz andere Reaktionen hervor als etwa Chaplin. Wenn man den am Boden zerstörten Charlie gerade bedauern will, überrascht er immer noch durch seinen beglückenden Einfallsreichtum. Tati gewährt niemals derlei tiefe Einblicke in das Innenleben von Hulot oder François, der sich in *Tatis Schützenfest* auch viel zu oft ändert, um eindeutig beschrieben und analysiert zu werden.

Dilys Powell schrieb in der *London Sunday Times:* »Dieser brillante Komiker hat uns etwas wiedergegeben, das für die Leinwand verloren schien: den Witz, der für die Augen gemacht ist ...«[43] Powell beschreibt das sekundengenaue Timing der Gags und macht darauf aufmerksam, daß die Tricks und Raffinessen oft erst beim zweiten oder dritten Sehen wahrgenommen werden. Strick zeigt sich besonders entzückt von den »beiläufigen Hinweisen, die eine Keatonsche Angst vor den unbelebten Objekten belegen ...«[44] Das entfernte Läuten einer Kuhglocke, die an den Weidezaun stößt; die Äpfel, die auf François herabregnen, als er gegen den Baum fährt, der Postsack, der um seine Schultern rotiert, und das Glockenseil, das jeden in die Luft hebt, der läuten will. Diese Kleinigkeiten produzieren zusammen das unnachahmliche Flair des Films.

Sooft man die beiden Künstler auch vergleicht: Tatis Gags unterscheiden sich ganz grundsätzlich von denen Chaplins, der für einen Witz auch schon einmal an den Sadismus der Zuschauer appellierte. Tati ist hier viel vorsichtiger und toleranter. Strick hat ganz richtig bemerkt, daß »das unglückliche Schielauge unter François' geduldiger Führung ein Gewinn für die Gemeinschaft wird. Chaplin dagegen hätte ihn zum Gespött der anderen gemacht.«[45] Strick zitiert C. A. Lejeune, um zu einer Unterscheidung zwischen den Slapstickelementen und den stilleren dokumentarischen Passagen zu gelangen: »In diesem Film kommen zwei Stile miteinander in Konflikt. Am Anfang und am Ende steht die einfühlsame Beschreibung eines französischen Dorfes an einem Jahrmarktstag. Der Rest ist Slapstick, guter zugegebenermaßen. Aber der Film löst sein Versprechen nicht ein. Am Ende bedauerte ich, ein ›Fest‹ verpaßt zu haben.«[46]

Einige wenige andere Autoren empfinden den Konflikt in ähnlicher Weise. Und in der Tat bereichert Tati eher seine Filme; unklare und widersprüchliche Eindrücke entstehen nicht.

Das pastorale Leben in dem kleinen Ort Ste.-Sévère als Gegenpol zu François' hektischer Betriebsamkeit verstärkt sowohl den Witz seines ständig wechselnden Charakters als auch die Gags.

In den folgenden Filmen hat der Regisseur Atmosphäre kontrapunktisch hergestellt. Hulots gehetztes Verhalten in *Die Ferien des M. Hulot* wird durch die träge Stimmung des Hotels um so deutlicher herausgearbeitet.

Ohne den farblichen und akustischen Gegenssatz zwischen dem

alten Viertel und dem modernen Stadtteil ist *Mein Onkel* nicht denkbar.

Die zwischengeschnittenen Sequenzen in *Trafic* wirken ausschließlich durch ihre kontrastierende Atmosphäre. Tatis *Playtime* beruht allerdings fast ausschließlich auf der Wirkung der kalten und verwirrenden Pariser Stadtlandschaft. Die Filmtechnik von *Tatis Schützenfest* unterscheidet sich nicht von der vieler Stummfilmklassiker. Strick zitiert eine Beobachtung von Matthew Norgate: »Durch die fehlenden Nahaufnahmen, eine andere Beleuchtungstechnik und die Negierung der Möglichkeiten, die die Kamera inzwischen bietet, wird man bei *Tatis Schützenfest* an einen Stummfilm erinnert.«[47]

Die Gleichgültigkeit gegenüber technischen Erwägungen und der allgemein üblichen Handhabung des Tons sollten seine Filme weiterhin prägen.

Im Rückblick erweist sich, daß die Absenz der Elemente, die

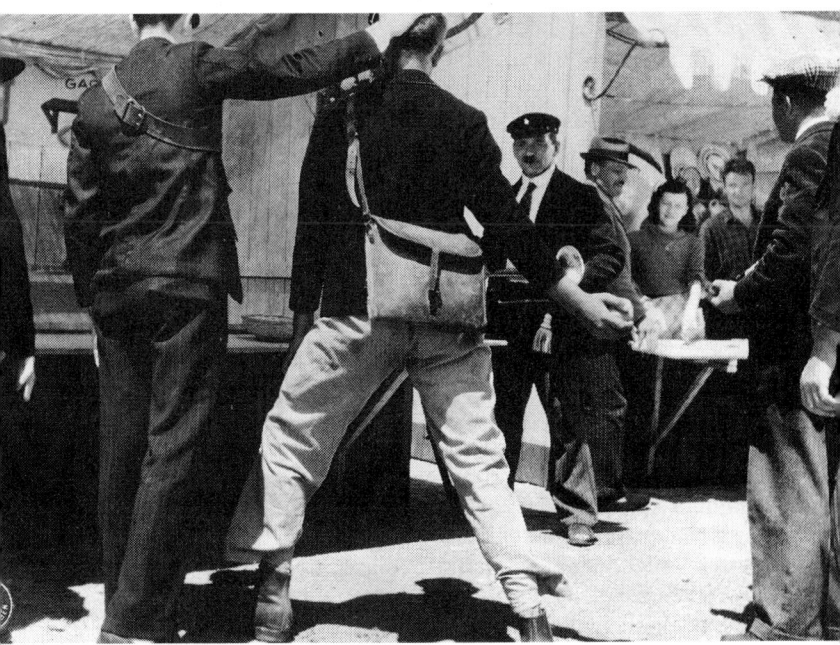

›*Tatis Schützenfest*‹: Nach ein paar Schnäpsen ist François beim Dosenwerfen unschlagbar

man an *Tatis Schützenfest* konstatierte, strukturbildend für die weiteren Filme sein würde. Der Ton allerdings fällt gegenüber den folgenden Werken deutlich ab. Bereits die zeitgenössische Kritik stellte fest, der Film sei besser anzusehen als anzuhören. In einigen Passagen kündigt sich Tatis perfektes Umgehen mit dem Ton bereits an. Wie in einer der witzigsten Szenen, als François auf der Landstraße von einer Wespe attackiert wird. Man hört das Summen der Wespe, ohne sie zu sehen, und selbst der herumhüpfende François ändert nichts daran, daß der Witz über das Geräusch funktioniert.

Tatis Schützenfest mußte als einziger der Tati-Filme untertitelt werden. Ohne Untertitel ist er für ein fremdsprachiges Publikum nicht zu verstehen. 1950, ein Jahr nach dem englischen Start, arbeitete Tati den Film um. Ein Sprecher erklärt die Handlung. Jacques Pils spricht Englisch mit französischem Akzent. Am Ende des Films erzählt er, daß der Jahrmarkt nur an einem Tag des Jahres stattfindet. Was für ein Segen für den Ort und besonders für François!

Fred Orain, Tatis Produzent, hatte vorgeschlagen, mit dem neuen Thomson-Color-Verfahren zu arbeiten. Farbe als Stilmittel sollte eine Verbesserung gegenüber dem Kurzfilm bringen, der als Ausgangsmaterial diente. Aber dieses Experiment stellte sich als völliger Fehlschlag heraus. Zum Glück existierte eine zur Sicherheit angefertigte Schwarzweißkopie. Ohne diese Vorsichtsmaßnahme gäbe es diesen Film heute nicht. Erst zehn Jahre später, für *Mein Onkel,* konnte Tati wieder mit Farbe arbeiten.

Kein Verleih interessierte sich für *Tatis Schützenfest.* Nicht nur, weil er dem Zeitgeschmack nicht entsprach, es wagte sich einfach keiner an einen so ausgefallenen Film. Um das zu verstehen, muß man die Situation des französischen Nachkriegskinos vor Augen haben. Als Folge von René Cléments Film über die Résistance, *Schienenschlacht (La Bataille du rail),* der kurz nach Kriegsende herausgekommen war, wurden hauptsächlich Kriegs- und Widerstandsfilme gedreht. Sadoul hat festgehalten, daß »die Kassenschlager zwischen 1945 und 1948 ausschließlich Kriegsfilme waren«[48,] und, fügt er rasch hinzu, ein »intimer Realismus«, der an die Vorkriegsfilme Renoirs anknüpfte, begann, das Gewebe des französischen Films zu durchdringen. »Aus Angst vor finanziellen Mißerfolgen kehrten die französischen Produzenten wieder zu altbekannten, erprobten Mustern zurück. Gegenwarts-

›Tatis Schützenfest‹: Dreifache Bewegung – Tatis Kamera filmt das Karussell mit François auf dem Fahrrad

themen interessierten kaum, keiner wagte sich auf neues Terrain gegenüber dem während der Besatzungszeit Erlaubten.«[49]
Der »intime Realismus« bestand zumeist in der Schilderung alltäglichen Familienlebens. Anders als im italienischen Neorealismus fand keine Auseinandersetzung mit gesellschaftlichen Konflikten statt. Die Komödie war seit den Tagen des Stummfilms nur noch spärlich vertreten. Akzeptable Versuche hatten die Brüder Prévert unternommen mit *Das Ding ist geschaukelt (L'Affaire est dans le sac)*, *Adieu Léonard* und *Voyage surprise*; in *Voyage Surprise* gibt es sogar eine Slapstick-Verfolgungsjagd. Für Sadoul kranken die Filme allerdings entweder an gewollter

Fröhlichkeit oder übertriebenem Sarkasmus. In diese Situation hinein entwarf Tati seinen François. Die Kritik reagierte, wie es nicht anders zu erwarten war. Die *New York Times* schrieb 1952 anläßlich der amerikanischen Uraufführung von *Tatis Schützenfest:* »Man sagt dem französischen Film eine Neigung zur süßlichen Komödie nach – und dann *Tatis Schützenfest!* Hier zieht sich doch wahrhaftig einer den Schuh von Mack Sennett an.«[50] In *French Cinema Since 1946* schreibt Roy Armes, daß Tatis erster Spielfilm aus der Reihe fällt. »Er kündigte keine neue Komödienschule an, und der nächste Film ließ vier Jahre auf sich warten. Dennoch wies bereits *Tatis Schützenfest* seinen Regisseur und Star als eines der eigenwilligsten Talente in der Geschichte des französischen Films aus.«[51]
Tati war immer in einer Außenseiterposition. Auf dem Hintergrund des noch einflußreichen Kinos der dreißiger Jahre und zu Beginn der Nouvelle Vague Ende der fünfziger Jahre hatte der französische Film wenig eigenes Profil. Tati setzte sich mit seinen ausgefallenen Ideen zwischen alle Stühle. Da er so wenig und dabei so Unvergleichliches produziert hat, spricht man inzwischen fast vom französischen Film und Jacques Tati als völlig verschiedenen Dingen.
Reagierten die Verleiher kühl auf *Tatis Schützenfest,* so liebte das Publikum den Film um so mehr. Schon die Voraufführung löste Begeisterung aus, obwohl man die Handlung als etwas dünn empfand. Tati und sein Produzent nahmen eilig mehr Gags auf. Z. B. wurde die Szene hinzugefügt, in der François einen Raum mit brennenden Kerzen betritt und mit dem Freund, den er dort vorfindet, herumscherzt. Leider merkt François nicht, daß dort eine Leiche aufgebahrt ist. Tati schnitt den Film teilweise neu, um ihm mehr Tempo zu geben. Schließlich fand sich ein Verleiher zu einer erneuten Voraufführung bereit, die diesmal in Neuilly stattfand. Der Film wurde begeistert aufgenommen, und der Weg für den Kinostart war frei. Er gewann 1949 den Preis für das beste Szenario beim Filmfestival von Venedig und im Jahr 1950 den Grand Prix bei den Filmfestspielen von Cannes. Der Erfolg ermutigte den Regisseur, anschließend den Kurzfilm *L'École des facteurs* herauszubringen, für den er 1949 mit dem Max-Linder-Preis ausgezeichnet worden war.
Es ist charakteristisch für Tati, daß er es trotz verlockender Angebote seiner Geldgeber ablehnte, eine Fortsetzung zu drehen.

Wie Monsieur Hulot entstand

Der Postbote erwies sich als wahre Goldgrube, doch Tati war schon nicht mehr an François interessiert. Er arbeitete an einem Charakter, der universelle Geltung haben sollte; einer Figur, die sich ohne Schwierigkeiten in alle denkbaren Kontexte einfügen lassen würde, denn Tati wollte mehr Freiheit in der Wahl seiner Themen und Geschichten. Strick bezeichnet diesen Charakter als »einen Herrn Jedermann des 20. Jahrhunderts«.[52]
Die Kostüme und Charaktere des Stummfilmclowns sind weitgehend intuitive Schöpfungen. Bereits mit dem zweiten Film hatte Chaplin das Kostüm für seine Figur gefunden. Von diesem Zeitpunkt an konnte er im Rahmen des Vorgegebenen experimentieren. »Kunst wird häufig erst gemacht, ehe sie gedacht wird«[53], schreibt Kerr einmal. Wer würde vermuten, daß das unschuldige Baby Langdon eine Erfindung ist? Lloyds Versuch, einen Filmcharakter zu schaffen, brachte zunächst nur den blassen, unoriginellen Lonesome Luke hervor; und während Lloyd Chaplin kopiert, ist Tatis Hulot eine einzigartige Schöpfung. Man darf nicht vergessen, daß Chaplin, Keaton, Lloyd, Langdon und Tati ihr Handwerk über Jahre erlernten, bevor sie vor eine Kamera traten. Sie alle verfügten über ein solides Repertoire von Gags, Technik, Akrobatik, Tanzschritten etc., darin unterschieden sie sich nicht von anderen gutausgebildeten Filmclowns. Inspiration, auf die es schließlich ankommt, kann sich allerdings niemand antrainieren. Chaplin hat sich mit der Entwicklung des Tramp nicht lange herumgeschlagen, Lloyd dagegen mußte an die 100 Kurzfilme drehen, bis der »Mann mit der Brille« gefunden war. Natürlich war die Ausbildung dieser Künstler eine notwendige Voraussetzung dafür, daß sie ihre Figuren mit Leben füllen konnten. Aber vorher mußten sie Erfahrungen sammeln, aufgrund deren sie dann die Charaktere entwickelten. Die Jahre auf der Bühne, die Experimente mit dem Kurzfilm und die Konzipierung des François waren Tatis Handwerkszeug, das es ihm ermöglichte, das Potential voll auszuschöpfen, das in der Schablone des Hulot steckte.
Tati hatte während seiner Militärzeit einen außerordentlich gutmütigen Feldwebel näher kennengelernt, dem kein Offizier lange böse sein konnte. Er lieferte den ersten Anstoß für Hulot. Ein

befreundeter Architekt wurde zum Vorbild für Hulots merkwürdigen Gang und seine Entscheidungsunfähigkeit. Tati bemerkt: »Hulot ist kein wirklicher Charakter. Er ist ein einfacher Mann von der Straße.«[54] Dem möchte man widersprechen; auch wenn er weniger ausgefallen als der kleine Tramp oder das Stoneface ist, unterscheidet er sich ganz wesentlich von anderen Leuten. Weder Hulot noch Chaplin oder Keaton müssen sich der Masse angleichen, um ein »Jedermann« zu werden. Universell ist ein Charakter dann, wenn die Zuschauer sich in ihm – jedenfalls partiell – wiederfinden können. Hulot ist als Komödienarchetypus ziemlich einzigartig, dennoch verbindet ihn etwas mit dem Rest der Menschheit.

Hulots Kostüm hat nichts mit der absurden Ausstaffierung der Stummfilmclowns gemeinsam. Sein Kleidungsstil ist fast unauffällig. Vielmehr unterscheidet er sich sofort durch seinen Gang von den anderen. Vorgebeugt, fast auf den Zehenspitzen, schreitet er mit ausholenden Schritten voran. Er scheint sein Ziel genau zu kennen, was sehr komisch wirkt, weil er nie ganz sicher ist, wohin er eigentlich will. Er macht ein paar zögernde Schritte, ändert dann seine Richtung, bleibt stehen und setzt sich wieder in Bewegung. Sein Gang ist so zielgerichtet, daß er oft nicht merkt, wann er an seinem eigentlichen Bestimmungsort vorbeigelaufen ist. Ein durchgehender Gag in *Die Ferien des M. Hulot* besteht darin, daß eine klebrige Zuckermasse von ihrem Ständer tropft und einige Male von Hulot gerade noch gerettet wird, bevor sie auf dem Boden landet. Es gibt eine wunderschöne, äußerst komische Passage, in der er auf den Hoteleingang zugeht und im Vorübergehen mißtrauisch auf den Ständer schaut. Die Masse beginnt gerade wieder nachzugeben, doch er geht weiter, obwohl er merkt, was vorgeht und sich eigentlich schnell umdrehen will, um sie aufzufangen. Aber erst nach zwei, drei Schritten dreht er eine Pirouette und rettet das nachgiebige Schlamassel. Ein andermal steht der Feriengast Hulot am Fuß der Treppe, Koffer in der Hand, um zu seinem Dachzimmer hinaufzusteigen. Er bereitet sich erst einmal auf den Aufstieg vor, indem er die Richtung auslotet, sich auf die Fußspitzen stellt und dann losstürzt.

Sein Kostüm, das an einer weniger exzentrischen Person kaum auffallen würde, besteht aus merkwürdig fehlproportionierten Kleidungsstücken. Er trägt einen zerknitterten Regenmantel, der für seine Größe viel zu kurz ist, wodurch seine schlaksigen

Beine betont werden. Ob bei Regen oder Sonnenschein, immer führt er einen Schirm mit sich. So, als hätte jemand vor Jahren Regen prophezeit, und nun will er nicht davon überrascht werden. Seine Hosen sind zu kurz und erlauben einen Blick auf seine merkwürdigen Ringelstrümpfe. Er trägt ein sportliches Hütchen und hat meistens eine lange Pfeife zwischen den Zähnen. So versteht man auch das wenige nicht, das er sagt.
Hulots Gesicht ist gewöhnlich ausdruckslos. Manchmal tritt ein Anflug von Panik in seine Augen. Schuld, Angst und viele andere Gefühle spiegeln sich auf dem Gesicht wider, trotzdem scheint der Ausdruck nie zu wechseln. Wie bei einem Spiegel, der das Gefühl zurückgibt, das man hineinliest.
Die Stummfilmkomödie war zunächst geprägt von wilden, fast unkontrolliert gespielten Gags der Figuren Mack Sennetts. Mit zunehmendem Erfolg der großen Komiker wurde die auf Körperwitz basierende Komödie subtiler und kontrollierter. Als einziger der bekannten Schauspieler machte vielleicht Max Linder den zu seiner Zeit üblichen Stil nicht mit. Er bevorzugte verhaltenere Gags und versuchte Situationen zu vermeiden, die Körpereinsatz erforderten. Der Vergleich zu Hulot liegt nahe. Sein Repertoire befindet sich zwischen Linders Zurückhaltung und Keatons maschinenbezogener Akrobatik. Hulot wird immer versuchen, in den Turbulenzen der Komödie Distanz zu halten. Die absurden Situationen, in die er gerät, sind komplizierter als ein Ausrutscher auf einer Bananenschale: Er steht durchaus nicht immer im Zentrum der Gags. Anders als bei Chaplin, Keaton und den anderen klassischen Clowns, hat Hulot für viele komische Szenen nur Katalysatorfunktion; er stellt die Weichen und verschwindet.
Hulot trägt eine Portion angeborener Schuld. Wenn er sich über das Ausmaß der Katastrophe klar wird, die er ausgelöst hat, will er wie ein Kind davonlaufen und sich verstecken. In *Die Ferien des M. Hulot* z. B. reiht er sich zwischen Leute ein, die ein Segelboot an den Seilen halten. Als es durch sein Versehen ins Wasser gleitet, tut der zutiefst schuldbewußte Hulot so, als stände er zufällig dabei, und trocknet sich lässig den Rücken. Dabei merkt er nicht, daß das Handtuch um einen Pfosten geführt und seine Schwindelei allzu offensichtlich ist. In *Trafic* hängt er kopfunter in einem Baum und bleibt, um nicht aufzufallen, einfach in dieser Position, während sich seine Bekannten unter seinem Kopf

unterhalten. Seine unangemessene Zerknirschung, wenn er merkt, was er angestellt hat, ist unglaublich komisch.

Der Postbote François und Hulot sind besondere Rebellen. François lehnt sich gegen den Lauf der Gesellschaft auf und fällt wie ein komischer Ikarus zurück auf die Erde. Hulot will nichts anderes, als »völlig unabhängig und absolut desinteressiert«[55] durchs Leben zu gehen. Sein grundsätzlichster Fehler ist sein Herumgestolpere. Philip Strick bestreitet, daß er der Rebell ist, als den ihn viele Kritiker sehen; er hält ihn für einen Durchschnittsmenschen, der sich schwer anpassen kann. Trotz seiner Schwierigkeiten wollte er immer zur Gemeinschaft gehören (anders als der geschwindigkeitsbesessene François). Sein erzwungenes Einzelgängertum resultiert aus dem objektiven Blick, mit dem er die Welt sieht. Die Verrücktheiten, die er beobachtet, ängstigen ihn, deshalb läuft er lieber bei der ersten Gefahr weg wie ein hakenschlagendes Kaninchen. Er ist Opfer seiner selbst. Auch dann, wenn er einem Rebellen ähnelt, möchte er zur Gesellschaft gehören.

Philip Strick hat den Konflikt in Hulot als »den Kampf, Haltung zu bewahren« und die Neigung »sich in sein Schneckenhaus zu verkriechen«[56] beschrieben. Strick weist darauf hin, daß dieser Grundkonflikt das Problem eines jeden Clowns ist. Einzig Hulots Charakterstärke verhindert, daß er klein beigibt und sich zurückzieht. In der Tat geht er dem Leben mit amüsanter Unbarmherzigkeit nach. Er weigert sich, zurückgelassen zu werden, selbst wenn er längst gemerkt haben müßte, daß er unerwünscht ist. Zwei Welten stehen nebeneinander: die Hulots und die der anderen. Niemand vermag sein Universum mit ihm zu teilen, aber trotzdem ist er nicht ganz isoliert. Tati hat Charaktere geschaffen, denen es möglich ist, aus einer sicheren Distanz einen Blick auf ihre Umwelt zu riskieren. Insgeheim machen sie für ihn Stimmung. Offen für ihn Partei zu ergreifen, wäre zu gefährlich, man könnte sich unversehens mit ihm auf der falschen Seite des Lebens einfinden.

Martine, die junge Dame aus *Die Ferien des M. Hulot*, bewundert ihn und schätzt seine chevalereske Aufmerksamkeit. Der kleine alte Herr, der seiner Frau gehorcht und brav die vorgeschriebenen zehn Schritte hinter ihr geht, verkörpert beispielhaft den verantwortungsvollen Mann, der die Freiheit der anderen bewundert.

Der alte Mann spricht einen der wenigen zusammenhängenden Sätze im Film. Als die Urlauber wegfahren, grüßt er Hulot verstohlen, sich des prüfenden Blicks der Gattin bewußt, und sagt: »Wir müssen uns einmal wiedersehen.« Für Hulot ist das eine Freundlichkeit und mehr, als er erwartet hätte.

Der Titel von *Mein Onkel* verweist bereits auf eine Beziehungsform. Der kleine Gérard liebt seinen exzentrischen Onkel Hulot. Dieses Verhältnis trägt zu weiten Teilen die Handlung. In *Playtime* wird eine junge Touristin die freundliche Verbindung zwischen Hulot und der Welt herstellen. Penelope Gilliatt meint, Hulots »natürliche Verbündete« seien »Promenadenmischungen und Schmuddelkinder, die ihm in Schwärmen folgen«.[57]

Tati gibt sich große Mühe, Hulot von seiner Umgebung zu unterscheiden, nicht nur in dessen Wahrnehmung, sondern auch in seinem äußerlichen Verhalten. Er reist per Auto zum Hotel des Badeortes, alle anderen kommen mit dem Zug an. Als einziger erscheint er zu dem Maskenball im Kostüm. In *Mein Onkel* fährt er Fahrrad, die Verwandtschaft in einem chromblitzenden neuen Auto.

Tati hat Hulot mit schlichten Charakterzügen und Motivationen ausgestattet. Meistens bewegt er sich von einem Ort zu einem anderen. In *Playtime* sucht er den schwer auffindbaren Monsieur Giffard; in *Trafic* will er einen Campingbus 500 Kilometer von Paris nach Amsterdam bringen. In *Die Ferien des M. Hulot* möchte er nur alle Möglichkeiten, die der winzige Erholungsort bietet, voll ausnützen. Anders als in den dramatischen Geschichten von Chaplin, Keaton, Langdon oder Lloyd, versucht er nicht, das Herz eines Mädchens zu gewinnen, das wahre Glück zu finden oder zu großen Ehren zu gelangen. Er möchte einigermaßen zurechtkommen.

Hulot ist längst nicht so bizarr wie François. Indem Tati ihn als »Normalbürger« konzipierte, wollte er erreichen, daß er ihn bruchlos in jede Umgebung einfügen konnte. François dagegen kann man sich kaum anderswo als in seinem Dorf vorstellen. Für Roy Armes ist er so unrealistisch, daß er bereits schwer mit den anderen Dorfbewohnern zusammenpaßt. »Schon deshalb wollte Tati diese Filmfigur nicht weiterverwenden. Hulot ist der Versuch, einen Charakter zu schaffen, der vielseitiger ist. Das ist eine Konsequenz aus seinem Versuch, realistische Komödien zu machen.«[58]

Jacques Tati als Monsieur Hulot in ›Mein Onkel‹

Tati möchte zeigen, daß jedermann die gleichen Absurditäten zustoßen könnten wie Hulot. Der Witz wurzelt in der Realität und sagt mehr über das Leben aus als die phantastischsten Gags. »Jeder hat mindestens fünf Minuten Hulotismus im Monat. Man braucht sich nur im Zug auf einen falschen Platz zu setzen«[59], hat Tati einmal gesagt.

Unverzichtbarer Bestandteil von Tatis Thematik ist Hulot als Gentleman der alten Schule. Seine Art, sich zu kleiden, die Haltung, der Regenschirm, der als Spazierstock dient – alles das erinnert an längst vergangene Zeiten. Die kühle, schicke Modernität von Tatis letzten drei Filmen verleiht Hulot den Hauch eines Relikts, das daran erinnert, wie weit es mit der Gesellschaft gekommen ist. Zwar verkörpert er die Umgangsformen vergangener Generationen, seine Unsicherheit, die er hinter der Fassade des Gentleman verbirgt, ist ausschlaggebend für seine Übertreibungen. So oft sollte er sich nicht verbeugen und außerdem grundsätzlich weniger defensiv sein. Ein kurzer Augenblick, als Hulot in *Die Ferien des M. Hulot* die Leute auf dem Weg zum Essen reihum grüßt, belegt diese Beobachtung. Als er an der Glaswand vorbeigeht, die den Speisesaal abtrennt, nickt er seinem Spiegelbild zu.

Selbstmitleid ist ihm fremd. Weist man ihn zurück, geht er mit ungebrochener Begeisterung zur nächsten Aktivität über. Die Klage über eine verlorene Liebe kennt er nicht, Zurückweisungen nimmt er sich nicht zu Herzen. Was andere aus der Fassung bringen könnte, gleitet an ihm ab. »Er ist nur der Resonanzboden für die übrigen Aktivitäten im Film ... er reagiert nicht darauf, oder anders als erwartet«[60], schreibt dazu Gerald Mast.

Für Tati ist es wichtig, daß Hulot die Gags so ausführt, als merke er nicht, daß er etwas Ungewöhnliches tut. Bei der Ankunft im Hôtel de la Plage in *Die Ferien des M. Hulot* stößt er die Eingangstüre auf, um sein Gepäck hereinzutragen. Dadurch weht eine kräftige Brise herein und er hat alle Anwesenden gestört, bevor er sie überhaupt kennenlernt. Der schmallippige Hoteldiener stürzt herbei, um die Türe zu schließen, da ist Hulot ihm schon zuvorgekommen und geht in aller Unschuld zur Rezeption. In einer grandios gespielten Szene ist Hulot später mit einem energiegeladenen, lärmigen Pingpong-Spiel zugange. Als er einen Ball aufheben will, unterbricht er ein Kartenspiel, indem er den Stuhl eines Herrn umdreht. Der Mann, in seine Karten

vertieft, befindet sich dadurch in einer anderen Runde und legt seine Karten in einem falschen Spiel auf den Tisch. Er fühlt sich betrogen, und ein Handgemenge bricht aus. Hulot, der nur an das Tischtennisspiel denkt, geht friedlich seiner Wege.
Sollte Hulots Wahrnehmung einmal nicht ganz blind gegenüber seiner Umwelt sein, entsteht der Eindruck, er sei gerade aufgewacht. Selbst wenn er ein wenig konfus und desorientiert zu sein scheint, wahrt er dennoch Haltung und erinnert an Langdon, dessen Unschuld ihm allerdings fehlt. Dafür wirkt er unsicherer. Die einfachsten Dinge des Lebens scheinen ihm manchmal unbekannt zu sein. Er hat die Qualität, seine Welt immer neu zu entdecken; alles ist wie ein Abenteuer in einem fremden Land. Einen witzigen Kontrast dazu bildet die pathologische Professionalität, wenn er agiert. Nur Hulot kann so heftig Tischtennis spielen, daß er meterweit zurückspringen muß, um den Ball zu bekommen. Nur er kann bei einem Tennisspiel die Leute mit seinem blitzartigen Aufschlag vom Platz verjagen. Hulots Geistesabwesenheit steht in diametralem Gegensatz zu Chaplins Umgang mit Gags. Die Szene in *Die Ferien des M. Hulot,* in der Hulots laubbedeckter Autoreifen für einen Trauerkranz gehalten wird, ist ein ausgefeilter Gag, der durch einen Zufall entsteht. In gewisser Weise hat Hulot damit nichts zu tun. Bei Chaplin hätte die Figur die Blätter eigenhändig aufgeklebt, und es hätte sich eine Begründung dafür gefunden.
Tati beschrieb den Unterschied zwischen sich und Chaplin: »Neulich war meine Frau krank, und man führte einen Schlauch in ihre Nase ein – ohne Heilerfolg, nebenbei gesagt –, der wie ein Stück Wurst aussah. Chaplin hätte, um etwas aus der Wurst zu machen, ein Stück Brot genommen und so getan, als würde er hineinbeißen. Hulot könnte so etwas nie tun. Er hat keine Ahnung von den Dingen, sie kommen auf ihn zu. Er ist ein Fliegenfänger, er sucht nicht.«[61]
Auf der gleichen Ebene wie dieser Vergleich liegt eine grundsätzliche Unterscheidung in der Struktur ihrer Stories. Für einen Chaplin-Film ist Charlie der Anlaß. Er muß fast in jeder Szene anwesend sein, damit sie mehr als eine nebengeordnete Bedeutung für den Film hat. Hulot braucht nur einmal aufzutauchen. Ganze Sequenzen, vor allem in den späteren Filmen, kommen ohne Hulot aus. Tati begründet das mit dem Charakter seiner Figur: »Er geht vorbei, schließt eine Tür, Sie sehen ihn

nicht, sondern müssen ihn finden; Sie müssen entscheiden, ob er ein Freund ist oder jemand, den Sie unter keinen Umständen zu sich nach Hause einladen würden.«[62]

Wer von Chaplins Humor spricht, spricht vom kleinen Tramp. Bei Tati ist damit viel mehr gemeint als die Figur Hulot, die nicht mehr ist als ein Faden, der die abschweifenden Komödien zusammenhält. Bazin äußerte sich wohlwollend über Hulot und nannte ihn »Das Genie des Fehl-am-Platze-Seins«[63]; und er schreibt ihm einen besonderen Liebreiz zu: »Er ist ein zerstreuter Engel, und die Unordnung, die er produziert, ist die der Zärtlichkeit und der Freiheit.«[64]

Es soll noch angemerkt werden, daß Tati seinen Hulot im Laufe der Jahre fast unmerklich verändert hat, auch wenn er bereits im ersten Film, *Die Ferien des M. Hulot,* völlig ausgearbeitet zu sein schien. In *Trafic,* dem letzten Film, ist er längst nicht mehr so ängstlich wie früher. Er kommt mit seinen Mitarbeitern zurecht und bringt auch den Campingwagen heil von Paris nach Amsterdam. Dabei kommt es zwar zu Problemen, aber immerhin führt er eine Sache zu Ende, vor der Hulot früher längst kapituliert hätte. Gilliatt hat ihn einmal als »eingestandenermaßen unbrauchbar«[65] beschrieben. In *Trafic* ist er ganz das Gegenteil: ein brauchbarer Vertreter für die Firma Altra-Automobile. Fast könnte man meinen, der Hulot aus *Mein Onkel* und *Playtime* käme mit der Welt, vor der er sich so gefürchtet hat, ein wenig besser zurecht.

Die Ferien des Monsieur Hulot

Im Sommer 1951 begannen in St. Marc sur Mer, einem kleinen Badeort in der Bretagne, die Dreharbeiten zu Tatis zweitem Spielfilm *Les Vacances de M. Hulot.*
Aufgrund von Geldschwierigkeiten verzögerte sich jedoch die Fertigstellung bis zum Oktober des folgenden Jahres. Der Film handelt von dem Jahresurlaub des M. Hulot in einer kleinen, eher zweitklassigen Sommerfrische. Im »Hôtel de la Plage« wohnen die unterschiedlichsten Feriengäste. Jeder von ihnen ist fest entschlossen, die wenigen wertvollen Wochen mit einer ähnlichen Verbissenheit Urlaub zu machen, die auch sonst ihren Alltag bestimmt. Zu diesen Gästen gesellt sich Hulot, der wiederum auf seine Weise die kurzen Urlaubswochen mit möglichst vielen Ferienvergnügungen vollpacken möchte. Dadurch entstehen viele komische Situationen. Der Film endet zum Saisonschluß, wenn die Urlauber wieder in die Stadt zurückfahren.
Der Aufbau des Films ist ebenso einfach wie der von *Tatis Schützenfest.* Beide Filme spielen in einer schläfrigen, ländlichen Umgebung und haben dokumentarischen Charakter. In den Einstellungen jeweils zu Beginn der Filme wird die träge und schläfrige Stimmung der beiden Städte dargestellt. Ebenso wie der Jahrmarkt, der das kleine Landstädtchen auf die Beine bringt, erwacht durch den alljährlichen Einfall der Touristen auch der Badeort aus seinem Schlaf. François und Hulot sind Auslöser der nun entstehenden Unruhe, die sich erst gegen Ende des Films wieder legt.
Der Aufbau der Filme ist episodisch, fast pikaresk. Die einzelnen Episoden werden ganz zwanglos aneinandergereiht und sind austauschbar wie die Glieder einer Kette. Tati ist nicht so sehr daran interessiert, einen Film Szene für Szene auf einen Höhepunkt, eine Pointe hin zuzuspitzen, vielmehr bricht er dann ab, wenn er der Ansicht ist, das Publikum habe nun genug gesehen. Gegen Ende könnte der Eindruck entstehen, daß François und Hulot eine Entwicklung durchlaufen haben, allerdings hat der chaotische Hulot nur einen vorübergehenden Dämpfer erhalten, und auch François, mit neuen Erfahrungen ausgestattet, ist wieder ganz der alte. Tatis Charaktere ändern sich nicht. Der episodische Aufbau gibt ihm den notwendigen Raum, seine Gags vor-

zuführen. Ebenso wie Fellini aus Erinnerungen, Ideen und witzigen Szenen Filme herstellt, Sammelalben vergleichbar *(Roma, Die Clowns, Satyricon),* sammelt auch Tati Eindrücke von einem Ort und dessen geschäftigem Treiben.

Als man von Tati wissen wollte, warum *Die Ferien des M. Hulot* so wenig Handlung enthalte, antwortete er:»Wenn ein einfacher Mann zwei Wochen an einem schönen Strand verbringt, Ferien macht, für die er ein ganzes Jahr gespart hat, mit der Absicht es sich gutgehen zu lassen, dann ist das ein großes Abenteuer für ihn und all die Leute, die seine Wünsche nachempfinden können.«[66] Außer den Aktivitäten Hulots halten noch weitere Leitmotive den Film zusammen: der ältere Herr, der schweigend hinter seiner Frau spaziert; beide vermitteln den Eindruck, als nähere sich eine kleine Trauerprozession. Das »Klonk-Klonk« der Schwingtür zum Speisesaal ist ein liebevoller Soundgag, der sich durch den ganzen Film zieht. Der Pfeifenrauch, gefolgt von Hulots schuldbewußtem Gesicht, das er aus seinem Dachfenster reckt, dient als verbindendes Element, kurz nachdem Hulot ein großes Durcheinander verursacht hat.

Gelegentlich schweift Tati von seinem nur locker vorgezeichneten Weg ab. In einer Szene kauft ein kleiner Junge zwei Tüten Eis, balanciert diese mühsam über viele Treppenstufen in den Speisesaal des Hotels und gibt dort eine Tüte einem kleineren. Zufrieden schleckend schauen sie zu, wie die Dekoration für den abendlichen Maskenball aufgehängt wird. Szenen wie diese sind nicht nur liebenswürdig, sondern auch notwendige Pausen zwischen den in halsbrecherischem Tempo folgenden Gags.

A. J. Cauliez beschreibt *Die Ferien des M. Hulot* als eher räumlich strukturiert, im Gegensatz zu dem eher zeitlich orientierten *Tatis Schützenfest,* das von einem Tag im Jahr handelt, vom Tag des Jahrmarkts. In *Die Ferien des M. Hulot* agieren zahlreiche Ortsfremde, die ihr Verhalten den Örtlichkeiten anzugleichen versuchen. Räumliche Orientierung ist auch ein wesentliches Merkmal von *Playtime*. Cauliez übersieht aber, daß *Die Ferien des M. Hulot* auch stark zeitlich bestimmt ist. In dem Badeort halten sich viele Urlauber auf, die »Vergnügen« und »Entspannung« in ihren kurzen Ferien erheischen wollen. Fast verzweifelt stürzen sie sich von einer Aktivität in die andere, allen voran Hulot. Sie tun das in dem sicheren Gefühl, daß ihnen die wertvolle Zeit davonläuft.

›Die Ferien des Monsieur Hulot‹: Hulot kommt in seinem Auto vor dem Hotel an

Tati führt Hulot, seine neue Filmfigur, auf sehr ungewöhnliche Weise ein. Zunächst hört man nur Hulots stotternden und knatternden Amilcar 1924, der durch die friedliche bretonische Landschaft fährt. An einer Straßenkreuzung hält Hulot sein absurdes Gefährt an, weil dort ein Hund in der Sonne liegt. Zwar hatte sich der Köter gerade schon einmal wegen eines anderen Autos von der Stelle bewegt, für Hulot aber mag er diese Anstrengung nicht noch einmal machen. Hulot selbst wird nicht sichtbar, da sein langes Gestell in das winzige Auto gezwängt ist, doch spürt man bereits nach dieser Szene, mit was für einem Menschen man es zu tun hat.

In den späteren Filmen sind die Gags ebenso wichtig wie die eigentliche Handlung; in *Die Ferien des M. Hulot* jedoch sind sie praktisch die Hauptsache. Als Hulot seine Urlaubsbekanntschaften mit seiner Exzentrik konfrontiert, entstehen Gags, die, obwohl nicht durch Hulot hervorgerufen, doch eine Reaktion auf ihn sind. Situationskomik entsteht beispielsweise, wenn einer der Hoteldiener seinen Ärmel hochrollt, um einen Füllfederhalter, der ihm ins Aquarium gefallen ist, wieder herauszufischen. Durch Hulots Anwesenheit irritiert, taucht er jedoch den anderen Arm ins Wasser, wobei sein Ärmel naß wird. Eine andere Sequenz zeigt, wie ein Kellner Roastbeef schneidet. Im Hintergrund tritt gerade ein magerer Hotelgast in den Speisesaal, worauf der Kellner nur eine dünne Scheibe Braten heruntersäbelt. Als später dann ein dickerer Gast hereinkommt, schneidet er ein dickeres Stück ab. Der Gag ist so subtil, daß er oft übersehen wird. Tati fördert die Wahrnehmungsfähigkeiten des Betrachters durch die Form seiner Komik. Hier erhält jeder Zuschauer die Chance, mit Hilfe der langen Einstellungen, in denen viele Ereignisse ablaufen, seinen eigenen Film zu sehen.

Auch Hulots Kampf mit der Technik spielt in diesem wie auch in späteren Filmen eine große Rolle. So wird er z. B. fast von seinem zusammenklappenden Kajak verschluckt, sein Autoreifen rollt ihm davon. Ein anderes Mal läuft er bei dem Versuch, eine Gießkanne schnell mit Wasser zu füllen, im Kreis hinter dem sich drehenden Rasensprenger her und versucht das aus dem Sprinkler spritzende Wasser mit der Kanne aufzufangen.

Wesentlich einfacher wäre es jedoch, den Sprinkler zu packen und ihn an seiner Drehbewegung zu hindern, um so die Kanne zu füllen.

Oben: Unabsichtlich löst Hulot beim Betreten des Hotels ein Chaos aus – Unten: Der Hotelier (Lucien Frégis) versteht Hulots Nuscheln nicht und muß ihm erst die Pfeife aus dem Mund nehmen

Bisweilen wiederholt Tati seine Gags, um die Zuschauer zu narren, z. B. dann, wenn Hulot zufrieden neben seinem Plattenspieler sitzt, genüßlich raucht und sich mit ohrenbetäubender Lautstärke eine Jazzplatte anhört. Die erzürnten Hotelgäste stürzen ins Zimmer und drehen die Musik ab. Hulot macht ein unschuldiges Gesicht. Später hört man die gleiche Platte wieder, ebenfalls sehr laut. Als die Gäste wieder in das Zimmer stürmen, sitzt nicht Hulot, sondern ein kleines Mädchen am Grammophon und lauscht aufmerksam.

Bereits in *Die Ferien des M. Hulot* wird deutlich, daß Tati seine Hauptfigur nicht zu sehr in den Vordergrund rückt. Während der ersten zehn Minuten ist nur Hulots verrücktes Auto zu sehen. Für Chaplin wäre es undenkbar gewesen, eine ganze Szene einer Maschine zu überlassen. Auch Keaton, dessen Schwäche für Maschinen hinlänglich bekannt ist, hätte es sicher vorgezogen, mit dem Auto etwas anzustellen. Bei Tati hingegen nehmen die Details in der Szenerie und der Handlung einen wichtigen Platz im Rahmen der Handlung ein, so sehr, daß Hulot optisch an Bedeutung verliert. Dann und wann wird er verdrängt: durch die eisessenden Jungen, den Lausbuben, der mit dem Brennglas am Strand die Leute ansengt, durch den hinter seiner Frau hertappenden alten Mann, der die Muscheln, die sie gerade gesammelt hat, umgehend wieder ins Meer wirft, und den amerikanischen Geschäftsmann, der zum Telefon eilt. Dies sind amüsante Einblicke in Tatis Welt, die Hulots Anwesenheit nicht erfordern.

In *Die Ferien des M. Hulot* wie auch in allen seinen späteren Filmen zeigt Tati, daß Hulot, sobald er sich aus dem Staub macht, verräterische Spuren von Verwüstung hinterläßt. Zum Beispiel, wenn er nach dem Zusammenbruch seines Faltbootes mit einem Paddel die Hotelhalle betritt, mit schlammbedeckten Füßen. Der Hotelportier bemerkt sofort die Spuren auf »seinem« sauberen Fußboden und verfolgt sie bis zu einem Garderobenständer, in dem sich Hulot versteckt hat. Dabei zittert er so, daß sich sogar die Mäntel am Haken bewegen. Als sich der Portier einen Augenblick abwendet, springt Hulot im Off die Treppe hinauf. Der Portier schaut sich um und sieht eine Spur von dreckigen Fußabdrücken, die sich die Treppe hinaufzieht. Die Kamera ist auf den oberen Treppenabsatz gerichtet, als Hulots Paddel plötzlich ins Bild fährt und die Treppe hinuntersaust. Man kann Zeichen seiner Anwesenheit wahrnehmen: seine Fußabdrücke und

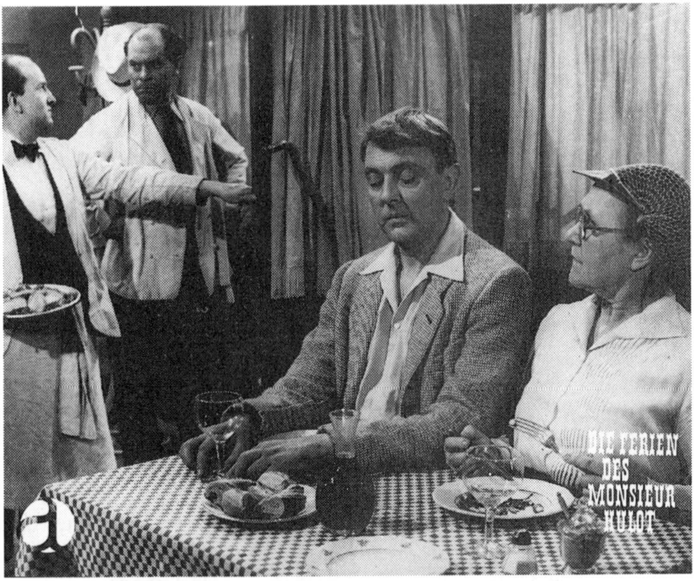

Immer so tun, als sei nichts gewesen: Hulot greift genau in dem Moment zum Salz, als sich sein Tischnachbar den Mund abwischt

das Paddel, das er in der Eile hat fallen lassen. In einer anderen Szene trägt Hulot, ganz Kavalier, dem jungen Fräulein Martine die Koffer ins Haus, aus dem er aber mit dem schweren Gepäck gleich wieder bei der Hintertür herausstolpert. Hulot tappt schwerbeladen von der einen Seite des Bildes zur anderen. Auch als er schon aus dem Bild ist, kann man sein Verschwinden noch verfolgen, denn eine Weinrebe, die sich um ihn gewickelt hat, spannt sich immer straffer durch das ganze Bild – ein Zeichen, daß er sich immer noch bewegt.

Immer agiert Hulot auch außerhalb des Bildes, beispielsweise als die Gymnastikgruppe am frühen Morgen, nach den Anleitungen eines Turnlehrers, Übungen macht. Die Gruppe, unisono auf und ab ächzend, hält plötzlich in der unteren Position still. Alle verharren in dieser quälenden Stellung, länger und länger. Trotzdem gibt der Turnlehrer immer noch kein Zeichen, sich wieder aufzurichten. Schließlich weist die Kamera darauf hin, daß Hulot den Turnlehrer abgelenkt hat und mit ihm Nebensächliches bespricht. Er ahnt nicht, was er anrichtet, hat er doch trotz seiner Abwesenheit von der Szene Einwirkung auf die Handlung.

Auch wenn Hulot eine Hütte, die mit Feuerwerkskörpern vollgestopft ist, ansteckt, spielt ein ähnlicher Effekt eine Rolle. Zunächst zeigt Tati, wie Hulot linkisch versucht, das Feuer zu löschen, geht aber dann in die Totale, als das Feuerwerk abbrennt.

Dadurch hat der Zuschauer die Möglichkeit, sich vorzustellen, wie Hulot in diesem Inferno herumirrt und die hilflosesten Versuche anstellt, um das Feuer zu löschen. Hulot befindet sich im ständigen Kampf mit der Tücke des Objekts. Ein Koffer auf einem Treppenabsatz, den er für eine Stufe hält, bringt ihn beinahe zu Fall, als er Martines Koffer ins Haus tragen will. Er tritt darauf und stolpert. Als er wieder einen neuen Versuch wagt, ins Haus zu gelangen, achtet er auf jeden Schritt und tastet mit dem Fuß, als ob das, was ihn vorher beinahe zu Fall gebracht hätte, nun unsichtbar sei. Beim Essen schnüffelt Hulot mißtrauisch an Messer und Brot. Ein Pferd, mit dem er gerne ausreiten möchte, reagiert auf ihn so hysterisch, daß er sich sogleich an einen sicheren Ort flüchtet. Hinter der Tür einer Umkleidekabine beobachtet er durch die Öffnung, was draußen geschieht. Panikartig zieht er sich in sein Zimmer zurück, nachdem er wieder einmal ein kleines Desaster verursacht hat. Er hat es eben nicht leicht draußen in der Welt. Es spricht allerdings für Hulot und ist eine seiner besten Eigenschaften, daß er dennoch immer wieder tapfer in die Welt hinausstürmt.

Hulot lebt in einer eigenen Welt. Auch die beiden Hoteldiener starren ihn jedesmal mißtrauisch an, wenn er eintritt. Die Gäste grüßen ihn eher aus Höflichkeit, nicht unbedingt aus Freundlichkeit. Hulots Exzentrik verstört und fasziniert sie zugleich. Als einer der strengen Kellner bemerkt, wie Hulot vor dem Spiegel Grimassen schneidet, macht er unwillkürlich mit. Es scheint, als wolle er Hulots Faxen nachmachen, um herauszufinden, was in diesem komischen Kopf vor sich geht. Als ihm klar wird, was er gerade macht, geht er peinlich berührt weg.

Hulot verwendet viel Zeit darauf, die Welt zu entdecken. Er scheint ein Wesen von einem anderen Stern zu sein. Man muß ihm den Weg zum Speisesaal zeigen, weil er ihn sonst nicht findet. Wenn er etwas ganz Einfaches macht, z. B. durch eine Tür geht, bleibt er stehen, um zu überlegen, was er gerade getan hat, um dann herauszufinden, daß er durch eine Tür gegangen ist.

Hulot sieht, was andere übersehen, und ist blind für das, was kaum jemandem entgeht. Allerdings isoliert ihn seine Verschrobenheit. Der alte Mann beneidet Hulot um seine Freiheit, Martine mag ihn sogar ein bißchen; eine Kinderschar umringt Hulots Auto, als er zu Beginn des Films vor dem Hotel ankommt. Zum Schluß sitzt er auf einem Sandhaufen und verzieht sein Gesicht wie ein Kind, das gerade ausgeschimpft wurde. Hulot und die Kinder bewerfen sich gegenseitig mit Sand. Hier wird er akzeptiert. Es wird aber auch deutlich, daß niemand, unabhängig davon, wie er zu Hulot steht, mit ihm tauschen möchte.

Da er nirgendwo dazugehört und allem mißtrauisch gegenübersteht, ist er eine Person, die um den Preis des geringsten Widerstandes von den Ereignissen vorwärtsgetrieben wird. Ohne Mühe zieht er sich aus einer lächerlichen Situation, um gleich wieder in der nächsten zu landen. Als Hulot zufällig in eine Beerdigungsfeier platzt, stellt er sich geschwind in die Reihe der Trauernden, schüttelt jedem die Hand und dankt den Weggehenden mit einem Kopfnicken. Als er sich ritterlich anbietet, einer jungen Dame den Rucksack zu tragen, ahnt er nicht, daß sie zu einer Bergtour aufbricht. Da er aber keinen Rückzieher machen möchte, trägt er ihr ganzes Gepäck bis auf den Gipfel. Bei dem verzweifelten Versuch, den Brand in der Feuerwerkshütte zu löschen, versucht er, wie bereits früher beschrieben, seine Gießkanne mit Wasser aus dem rotierenden Sprinkler zu füllen. Um das Ende des Gartenschlauches zu finden, läuft er an der verschlungenen Leitung entlang, indem er Pirouetten dreht, bis er endlich ans Ziel kommt. Er hätte ja nur schauen müssen, wohin der Schlauch geht, Hulot aber traut der Welt nicht, für ihn sind die Dinge keineswegs immer so, wie sie zu sein scheinen.

Tati befaßt sich nur wenig mit dem psychischen Entwicklungsprozeß oder mit Prozessen der Selbsterkenntnis. Einblicke in Hulots Seelenleben werden nur selten gewährt, z. B. dann, wenn er in seiner Einsamkeit mit nassem Sand nach den Kindern wirft. Tati beschäftigen Verhaltensweisen aus der Distanz heraus. Da die Form des Auftritts ausschlaggebend ist, genügt es, daß der Darsteller damit beginnt, etwas zu sagen, was nicht vollständig ausgesprochen werden muß.

Da Tati sich mit ganz normalen Menschen beschäftigt, muß dies auch bei der Besetzung seiner Filme berücksichtigt werden. Aus diesem Grund spielen in seinen Filmen Laien mit.

Tati arbeitet hauptsächlich mit Laien, denen die Rollen entsprechen, da Schauspieler oft von ihren angelernten Fähigkeiten

Zum Absolvieren des Freizeitangebots gehört nun einmal das Reiten – ob der Gaul will oder nicht

Am Strand begrüßt Hulot die nette Martine (Nathalie Pascaud, r.) samt Tante (Michelle Rolla)

blockiert werden. Hierzu bemerkte er: »Ich arbeite zwar mit einigen Schauspielern; die meisten Mitspielenden aber rekrutierte ich in dem Badeort. Mir ist es lieber, wenn die Mitspielenden so natürlich wie möglich sind und ihre Sache so ernst wie möglich nehmen. Wir vom Film müssen ernst sein, das Publikum soll sich amüsieren.«[67]

Tati lernte Nathalie Pascaud, die die Rolle der Martine spielte, nur zufällig kennen. Ihr Mann hatte ihr vorgeschlagen, in dem Film mitzuspielen. Tati hatte in ihm die ideale Besetzung für die Rolle des amerikanischen Geschäftsmannes gefunden. Pascaud spielte später auch den M. Arpel in *Mein Onkel*. Alain Romans schrieb die etwas romantische Musik für *Die Ferien des M. Hu-*

lot. Das Hauptthema, ein bezauberndes Chanson, sollte später großen Erfolg in ganz Frankreich haben. Romans' Musik verstärkt die sommerliche und träge Stimmung des Films.
Als er 1962 in einer Neufassung aufgeführt wurde, war das gefühlvolle Musikthema in ein zeitgemäßeres, eher jazzorientiertes Arrangement gezwängt worden. Romans erzählte, daß Tati befürchtete, der Film könne unzeitgemäß sein.»Er drängte mich, trotz meiner Einwände, das Stück ›jazziger‹ und moderner zu machen ... Er ist eben ein Dickkopf.«[68] Während langer Passagen hört man keine Musik. Dort, wo gewöhnlich ein Film mit Musik unterlegt oder auf musikalische Akzente angewiesen ist, begnügt sich Tati oft mit natürlichen Geräuschen und demonstriert hervorragend deren eigene Musikalität. *Die Ferien des M. Hulot* beginnt mit einem Soundgag. Aus dem Lautsprecher auf dem Bahnsteig plärrt eine völlig unverständliche Ansage. Das Geknatter von Hulots Auto entspricht François' Fahrradglocke in *Tatis Schützenfest;* auch die Schwingtür zum Speisesaal erkennt man sofort an ihrem unverwechselbaren Geräusch.
Übrigens verursacht Hulot sämtliche lauten Geräusche. Das leise Rauschen des Meeres kontrastiert zu dem lauten Pingpong-Spiel, dem aufgedrehten Grammophon und dem Autolärm. Nachdem er das ganze Hotel aufgeweckt hat, wird es gegen Ende der Feuerwerksszene wieder still in der Nacht, allerdings fügt Tati zu dieser himmlischen Ruhe sehr einfühlsam das ferne Gebell eines Hundes hinzu.
Tati bevorzugt stets einfache Kameraführung mit langen Einstellungen; nur gelegentliche Schwenks folgen der Handlung. Nahaufnahmen interessieren ihn nicht, da er dem Publikum nicht zeigen möchte, worüber es zu lachen hat. Es soll selber entscheiden, was es sehen möchte und was nicht. Hauptsächlich aus diesem Grund wird das Weitwinkelobjektiv verwandt. Die Szene am Bahnhof beispielsweise, zu Beginn des Films, ist von einer erhöhten Stelle mit Weitwinkel und fester Einstellung aufgenommen, so daß man den gesamten Bahnsteig überblicken kann. Auch die Wahl des Hintergrundes steht mit dem Weitwinkel in Einklang: Martine blickt von ihrem Fenster aus auf den Strand. Dort sollen gerade zwei Zelte aufgestellt werden. In jedem müht sich ein Mann verzweifelt ab, und es entsteht der Eindruck, als wälzten sich dort unten zwei Ungeheuer. Außerdem turnt dort noch ein Mann herum, der seine Beine in die Luft wirft. Das selt-

same Treiben am Strand erhält durch die Weitwinkeloptik ihre Komik – aus Martines Blickwinkel.
Die rasch aufeinanderfolgenden Gags der Handlung werden durch Pausen unterbrochen: die eisessenden Kinder, Martine, die ihren Koffer auspackt, das in der Dunkelheit liegende, schlafende Hotel. Diese und ähnliche Szenen unterteilen den Film.
Tatis Schwierigkeiten bestehen darin, aufzuzeigen, auf welchen Zeitraum sich die Handlung des Films erstreckt. Er versucht sie dadurch zu lösen, indem er das Hotel bei Nacht filmt. Somit erhält man Hinweise, daß wieder ein Tag vergangen ist. In *Schützenfest* bestand dieses Problem nicht, da sich die Geschichte in nur zwei Tagen abspielt, ebenso in *Trafic* oder gar *Playtime*, des-

Der Maskenball: Hulot und Martine (Nathalie Pascaud)

sen Handlung sich nur auf einen einzigen Tag erstreckt. In *Die Ferien des M. Hulot* zeigt er die Feriengäste beim Mittagessen. Dann folgt ein Schnitt, und man sieht die Straße, auf der die Dorfkinder zum Strand laufen. Danach posieren Urlauber für ein Gruppenbild. Die Zeit reicht nicht aus, um zu zeigen, wie die Leute vom Tisch aufstehen und vor das Hotel heraus kommen. Als Hulot Martine die Koffer ins Haus trägt, folgt allzuschnell die Szene, in der er die Straße hinunterfährt.

Als der Film schließlich abgedreht war, hatten einige Geldgeber große Zweifel bezüglich seines kommerziellen Erfolges. Tati wurde sogar gefragt, ob er den Film allen Ernstes veröffentlichen wolle. Eine öffentliche Probevorführung aber in Chatenay-Malabry begeisterte das Publikum. Der Film war recht erfolgreich, als er im Frühsommer 1953 in Paris anlief. Im Sommer kam es in Frankreich zum Generalstreik, der unter anderem auch den Eisenbahnverkehr zum Erliegen brachte. Eine Katastrophe für die Pariser, konnten sie doch nicht, wie gewohnt, im August in die Ferien fahren. Für Tati war jedoch gerade dies ein glücklicher Umstand. Nachdem der Film in Paris anlief, erreichte er zu diesem Zeitpunkt mehr Leute, als man sich erhofft hatte. Janet Flanner schrieb in ihrem »Brief aus Paris« im *New Yorker,* daß Tati den Parisern während des Streiks ihre Art Ferien zu machen in einer Weise vor Augen geführt habe, daß sie sich glücklich schätzen durften, sie versäumt zu haben.[69]

Die Ferien des M. Hulot lief viele Wochen vor vollem Haus. Obwohl man sonst in Frankreich großen Wert auf Dialoge legt, kam der Film sehr gut an. In Amerika feierte er wahre Triumphe. In den USA war er der größte französische Kassenerfolg des Jahres.

Mein Onkel

Tati kam erstmals im Herbst 1954 nach Amerika, um *Die Ferien des M. Hulot* vorzustellen. Er trat in der NBC-Show »Fanfare« auf und zeigte einige seiner Pantomimestücke, darunter den Tennisspieler, den Torwart und den Angler. Besonderen Wert legte er darauf, daß mit keiner der Personen Hulot gemeint sei. Dieser sollte ausschließlich auf der Leinwand zu sehen sein.
Im September 1956 begann Tati mit seinem dritten Spielfilm, *Mon Oncle,* dessen Dreharbeiten neun Monate dauerten. Der Film kam jedoch erst 1958 heraus, da Schneiden und Vertonen ein ganzes Jahr in Anspruch nahmen. Die ersten beiden Filme sind noch stark an den klassischen Stummfilmkomödien orientiert, bei *Mein Onkel* aber handelt es sich endlich, wie Cauliez schreibt, um »reinen Tati«.[70] Hier spielt er die Themen, die auch seine späteren Filme kennzeichnen, erstmals voll aus: Die Form der Gags verrät seine ganz persönliche Handschrift. Tati hatte die Möglichkeit, in Farbe zu drehen, und verfügte über ein größeres Filmteam. Mit dem Umfang des Projektes wuchs allerdings auch die Verantwortung. Tati erinnerte sich: »Die Anwesenheit von 40 Technikern, die geduldig darauf warten mußten, daß ein Hund endlich geruhte, an einer Laterne sein Geschäft zu verrichten, trug mir eine ungeheure finanzielle Verantwortung ein.«[71] Im Film stehen sich zwei völlig unterschiedliche Kräfte gegenüber: Hulots geruhsame, altmodisch-verschrobene Art und der schicke, ultramoderne Lebensstil seiner Schwester, Madame Arpel, und ihrer Familie. Bereits im Vorspann kündigt sich der Untergang von Hulots Welt und seiner Lebensart an. Preßlufthämmer und Baumaschinen verbreiten einen höllischen Krach, ähnlich wie die Autofabrik zu Beginn von *Trafic.*
In *Mein Onkel* wird Tatis wachsendes soziales Bewußtsein dokumentiert. Seine Satire habe sich vom eher Instinktiven zum Aufklärerischen gewandelt, stellt Philip Strick fest. Über *Mein Onkel* schrieb er, daß praktisch hinter jeder Einstellung ein Anliegen stecke.[72]
In diesem Film hat Hulot durchaus soziale Kontakte. Er lebt in einem alten Pariser Stadtteil, umgeben von lebenslustigen Leuten. Er ist nicht mehr der hoffnungslose Einzelgänger aus *Die Ferien des M. Hulot,* denn er geht auch einmal aus seiner gewohn-

ten Umgebung heraus und hinein in die ihm völlig fremde Welt der Arpels.
Cauliez schreibt, daß in *Mein Onkel* die kleinen Freiheiten und Freuden des täglichen Lebens gezeigt werden und nicht mehr die von *Die Ferien des M. Hulot* bekannten räumlichen Veränderungen. Dennoch erweitert Tati den realen Erfahrungshorizont, indem er Hulot in seiner vertrauten Umgebung darstellt. Wieder einmal ist die Story des Films recht einfach, allerdings gibt es einige Erweiterungen.
»Hulot, Madame Arpels exzentrischer Bruder, ist, freiwillig oder nicht, arbeitslos. Die Arpels sind modern und fleißig und haben einen durch und durch eingeteilten Tagesablauf.«[73] Madame Arpel stürzt sich begeistert mit vielen modernsten Haushaltsgeräten in ihren makellos sauberen, ja sterilen Haushalt.
Sie führt Besucher umher und demonstriert, geschwätzig wie ein Reiseführer, die technischen Errungenschaften ihres Heims. M. Arpel fährt jeden Morgen mit seinem blitzenden neuen Auto in die Plastikfabrik, wo er die Produktion kilometerlanger Plastikschläuche überwacht. Gérard aber, der neunjährige Sohn der Arpels, wühlt lieber im Schmutz, mag Keilereien, bellende Hunde und die Gesellschaft seiner Freunde. Ihn langweilt die Lebensart seiner Eltern, und er fühlt sich eher zu seinem Onkel hingezogen. Diese Zuneigung ist (wie die der Kinder am Schluß in *Die Ferien des M. Hulot*) leicht verständlich. Man sieht den Film praktisch mit Gérards Augen. Hulot führt seinen Neffen an die alltäglichsten Dinge heran und gibt ihm eine Vorstellung von den wahren Werten des Lebens. Die Eltern haben freilich andere Vorstellungen von der Erziehung ihres Sohnes und wollen eifersüchtig Hulots Einfluß auf Gérard verhindern. Aus diesem Grund verlangt M. Arpel, daß sich sein Schwager nach einem Job umsehen soll. Arpel beschließt, ihm eine Chance in der Plastikfabrik zu geben. Unglücklicherweise aber atmet Hulot chemische Dämpfe ein, so daß er, ganz benommen, während der Arbeit einschläft. Als er wieder aufwacht, bemerkt er, wie der Plastikschlauch in Form einer Wurst in unregelmäßigen Abständen aus der Maschine quillt. Wütend sucht Arpel nach einem Weg, um Hulot ein für allemal abzuschieben. Unterdessen bemüht sich Madame Arpel, ihren glücklosen Bruder mit einer ihrer Freundinnen bekannt zu machen. Als die Arpels eines Nachmittags eine Cocktailparty geben, wendet Hulot alle erdenkliche

Gegensätze in Tatis ›Mein Onkel‹: das alte Viertel, in dem Hulot wohnt (oben), und die moderne Neubausiedlung (unten), in der seine Schwester und sein Schwager leben

Gérard (Alain Becourt) fühlt sich zu seinem Onkel hingezogen

Mühe auf, bei den Gästen nicht aus dem Rahmen zu fallen. Er gibt einige Witze zum besten, erhält aber eine barsche Abfuhr, als er einen offensichtlich nicht so ganz anständigen erzählt. Madame Arpels Freundin ist schockiert. Schließlich findet M. Arpel für Hulot einen Job in der Provinz. Hulot fügt sich. Man bringt ihn zum Bahnhof, und er läßt Gérard mit seinem erleichterten Vater zurück.

Auch in diesem Film verwendet Tati »Running Gags«, um die einzelnen Teile der Handlung miteinander zu verbinden. Hulots Bemühungen, ein Spalier zu stutzen, von dem Gérard aus Versehen einen Ast abgebrochen hat, ist ebenso ein »Running Gag« wie der Blechfisch in Madame Arpels Vorgarten.

Jedesmal wenn ein wichtiger Besucher eintrifft, stellt sie den wasserspeienden Fisch an. Als sie eine wichtige Persönlichkeit, nicht Hulot, vor dem Tor vermutet, dreht sie den Fisch auf, um ihn, als sie ihren Irrtum erkennt, sofort wieder abzustellen.

In *Mein Onkel* widmet Tati den Bauten die gleiche Aufmerksamkeit wie den Charakteren. Die Gebäude haben eine persönliche Note, und Tati bringt den Witz, der in ihnen steckt, zur Geltung. Das Haus, in dem Hulot wohnt, fällt besonders durch seine vielen Treppen auf. Tati zeigt sie jedoch nur von außen durch die Fenster. Das Innere des Hauses bleibt stets verborgen. Dadurch kann man auch nur einen beschränkten Blick auf die Bewohner werfen. Es sind allenfalls Hände oder Füße zu erkennen, nicht mehr. In einer Szene erscheinen Hulots Füße durch ein Fenster hindurch auf dem Treppenabsatz. In einem benachbarten taucht

Einer der zahlreichen »Running Gags« in ›Mein Onkel‹: der Blechfisch in Madame Arpels Vorgarten

Das Haus, in dem Hulot wohnt, fällt besonders durch seine vielen Treppen auf

Tati zeigt sie jedoch nur von außen durch die Fenster. Das Innere bleibt stets verborgen

eine in ein Badetuch gehüllte Frau auf; aber sie ist auch nur teilweise zu sehen. An Hulots Beinen läßt sich leicht erkennen, daß er die Frau bemerkt. So zögert er, ob er die Treppe heruntergehen soll, und tut es schließlich doch, als die Frau durch das Treppenhaus huscht. Durch das Geschehen hinter den Fenstern entsteht der Eindruck einer in viele Bilder aufgeteilten Leinwand, und Tati verbindet diese einzelnen Bilder miteinander.

Einerseits bringt Hulot Leben in das Auf und Ab des Films, andererseits aber wirkt die hypermoderne Sterilität des Arpelschen Hauses äußerst bedrückend. Natürlich sind die Arpels sehr stolz auf ihr durchgestyltes Haus. Ein elektronisches Garagentor, in das zwei runde Fenster eingelassen sind, öffnet und schließt sich, sobald ein Infrarotstrahl unterbrochen wird. Die Arpels werden in ihrer Garage eingesperrt, als eine herumstreunende Hundemeute den Lichtstrahl kreuzt und damit das Tor schließt. Sie schauen beide zu den Fenstern heraus, und so ähneln ihre Köpfe den Pupillen riesiger rollender Augen. Hier dominieren also nicht die Personen, sondern die Bauten.

Die verschiedenen Schauplätze des Films stellen ebenfalls ein sehr ausdrucksstarkes Element dar. Zwischen dem modernen Neubauviertel und Hulots altem Stadtteil liegt ein Gebiet, das man als Ödland oder Niemandsland bezeichnen könnte. In diesem Schutt- und Trümmergebiet treibt sich Gérard mit seinen Freunden herum. Das Niemandsland ist eine deutliche und unübersehbare Grenze zwischen den beiden Welten, zwischen der alten und neuen. Es ist bezeichnend, daß das Ödland den Kindern überlassen wurde.

Hulot, den die Kinder mögen, kommt immer dann mit dem buntgewürfelten Kinderhaufen zusammen, wenn er aus seiner Welt in die seiner Verwandten hinüberwechselt. Jenes Ödland ist auch für ihn von großer Bedeutung. Er hält sich dort gerne auf. Einmal bleibt er stehen, um einen Ziegelstein, den er versehentlich von einem Mäuerchen gestoßen hat, wieder an seine Stelle zu legen.

Wenn man von *Tatis Schützenfest,* bei dem die Farbentwicklung mißlang, einmal absieht, ist *Mein Onkel* Tatis erster Farbfilm. Er gibt dem alten Stadtviertel eine freundliche Ausstrahlung, da er sowohl für die Bauten als auch für die Kostüme sanfte Pastellfarben verwendet: Rosa-, Grün- und Orangetöne. Das neue Viertel dagegen ist in grelle Farben getaucht: Grün und »Elek-

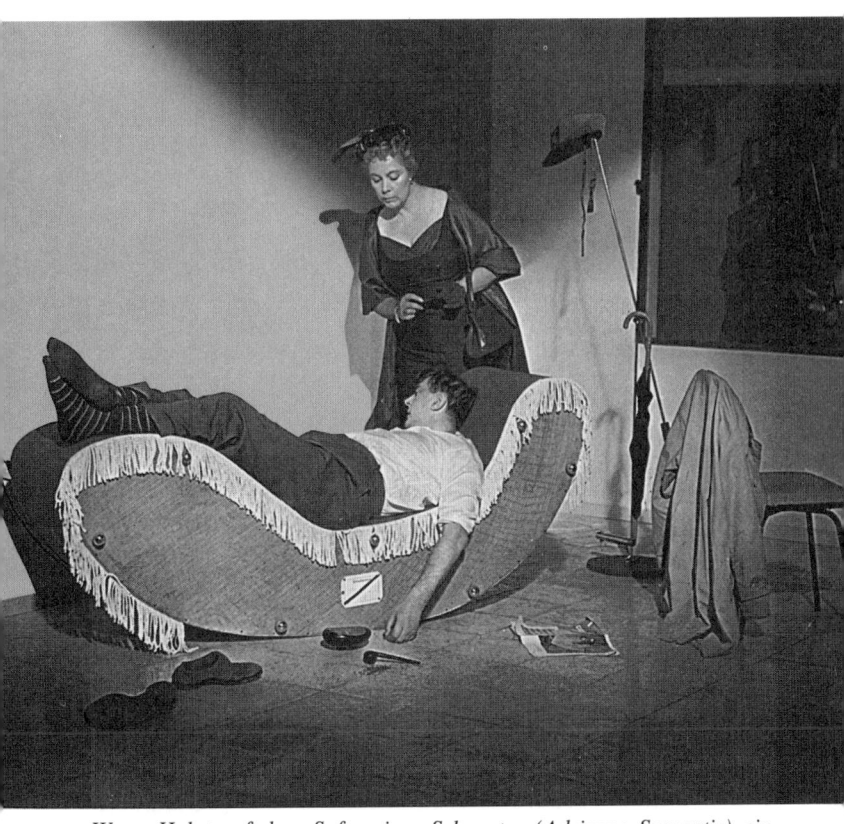

Wenn Hulot auf dem Sofa seiner Schwester (Adrienne Servantie) einschläft, verstreut er um sich herum die Attribute seiner Figur – bis auf die Ringelsocken

trikgelb«, die mit langweiligem Beige, Grau und Weiß kombiniert werden. Auch hier paßt Tati die Kostüme in das Farbschema ein. Für Madame Arpels ziemlich unerträgliche Freundin etwa wählt er ein Kleid in entsprechend knalligem und grellem Rot. »Tatis Farben sind mehr als nur ein Beiwerk, seine ›komischen Farben‹ tragen auf eindrucksvolle Weise dazu bei, die Wirkung der einzelnen Gags zu verstärken.«[74] Gérard, der nach mehr Freiheit strebt, wird von seiner Mutter als Teil des Haushalts vereinnahmt, denn in einem Musterhaus darf es an nichts fehlen. Da Hulot Gérard vor dem Essen einen leckeren, fetten Krapfen

spendiert hat, duldet es Madame Arpel nicht, daß ihr Sohn das Abendessen, welches sie mit Akribie zubereitet hat, mit seinen ›verschmutzten‹ Fingern anrührt. Madame Arpels ganzer Lebensinhalt ist der Haushalt. Von der rauhen Realität des Lebens draußen hat sie keine Ahnung. Ein heruntergefallenes, welkes Blatt in einem Blumenbeet läßt sie völlig aus der Fassung geraten. Um Gérard ein Ei zu kochen, zieht sie erst sterile Gummihandschuhe an, um dann eine Reihe komplizierter und absurder Handgriffe auszuführen. Abends sitzen die Arpels im Dunkeln vor dem schwach flimmernden Fernsehapparat. Demgegenüber will Hulot diesen beschränkten und emotionslosen Leuten zeigen, worauf es eigentlich im Leben ankommt. Ist schon ein welkes Blatt für Madame Arpel zuviel, so blüht Hulot in der Unordnung, die stets mit dem Leben einhergeht, erst richtig auf.
Tati erwartet von Hulot in *Mein Onkel* mehr Engagement als in *Die Ferien des M. Hulot.* Hier soll er Einfluß auf Gérard und seinen Vater ausüben.
»Um sehr viele Beziehungen hat sich Tati bislang nicht gekümmert ... Vielleicht würde Tati Hulot gern als ganz normalen Menschen zeigen, nicht als Katalysator, der eine komische Situation auslöst, sondern als einen Mann, der durchaus seine eigenen Prinzipien hat. Allerdings gibt es etwas in seiner Persönlichkeit, das die Begegnung mit seinen Mitmenschen sehr erschwert«, bemerkte Penelope Houston.[75]
Die Distanz, die Hulot zu den modischen Torheiten hat, ist vergleichbar mit seinem reservierten Verhältnis zu seinen Mitmenschen. Obwohl Hulot seinen Neffen liebt, hält er ihn doch auch vornehm auf Distanz.
Cauliez hat *Mein Onkel* mit den Filmen des italienischen Neorealismus verglichen, die sich mit den einfachen und eher alltäglichen Dingen des Lebens beschäftigen. Tati versucht sie satirisch umzumünzen. Dem Neorealismus liegt daran, dem Leben einen Spiegel vorzuhalten; Tatis Intentionen werden eher indirekt in seinen Komödien sichtbar. Nicht einmal Chaplin hat in seinen späteren, eher sozialkritischen Filmen sein Anliegen so der Komödie untergeordnet. Hielt Chaplin eine Fahne hoch, so war sie auch deutlich zu sehen. Tatis Banner bleibt sorgfältig verborgen. Worum es geht, ist nicht auf den ersten Blick wahrzunehmen, und doch ist alles präsent: absurdes Sozialverhalten, die zunehmende Ohnmacht des Menschen gegenüber der Technik,

Der Mensch und seine Umgebung: (oben) Madame Arpel, die Lampe, die Nachbarin (Dominique Marie) und ihr Hut – (unten) Madame Arpel, die Treppe, Monsieur Arpel (Jean-Pierre Zola) und der Dackel

die wachsende Naturfremdheit und der Verlust menschlicher Werte. Die etwas bedrückten Personen in *Die Ferien des M. Hulot* haben zwar Mitleid mit Hulot und empfinden durchaus Zuneigung für ihn, das Verhältnis zwischen ihm und Gérard aber ist tiefer. Hulot zeigt seine Gefühle nur denen, gegenüber denen er sich sicher fühlt: Martine in *Die Ferien des M. Hulot,* Barbara in *Playtime* und Gérard in *Mein Onkel*. Die stille Zuneigung, die Hulot für seine Umwelt empfindet, ist Ausdruck eines zwischenmenschlichen Verständnisses. Selbst die recht beschränkten Arpels werden auch dann noch, als sie sich Hulots entledigen wollen, sympathisch dargestellt.

In Tatis Filmen gibt es keine Bösewichter, nur Leute, die man mag oder nicht mag. Tati sagte: »Ich mag *Mein Onkel* sehr gerne, weil dieser Film das Individuum verteidigt.«

Dem langsamen Produktionstempo entsprechend, dauerten auch Schnitt und Synchronisation beinahe ein Jahr. Allerdings wollte Tati nur selten mit Hilfe des Schnitts die Wirkung eines Gags verstärken. »Tati läßt eine Szene mehr oder weniger laufen, belebt sie dann und läßt sich davon gefangennehmen, wie sich ohne größeres Zutun eine komische Situation entwickelt. Dann wieder hält er sich mit völlig unwichtigen Dingen auf. Manchmal scheint es, als sei sein Gefühl für das Timing schwankend: ja, als habe er praktisch keines.«[76]

Wie auch in seinen anderen Filmen, sind auch die Dialoge in *Mein Onkel* praktisch nur Geräuscheffekte, die mit anderen Geräuschen zu einer wohlüberlegten Symphonie vereint werden. Small talk, Geschwätz und artige Komplimente werden auf das reduziert, was sie letzten Endes sind: auf Kakophonie. Tati ist es ziemlich gleichgültig, was die Personen sagen, ihn interessiert mehr, wie sie sich ausdrücken. Das ständige Geplapper von Madame Arpel steht in krassem Gegensatz zum Schweigen ihres Bruders. Wenn Maria, die junge Frau in *Trafic,* unaufhörlich redet, so ist auch hier der Inhalt weniger von Interesse als die Form ihres Sprechens. Dem Publikum wird demonstriert, daß menschliche Kommunikation meist nur Lärm ist. Als Hulot einen unfeinen Witz auf der Cocktailparty erzählt, läßt Tati die Zuschauer über dessen Wortlaut im unklaren. Man sieht nur die Reaktion der Gäste und kann sich dann leicht zusammenreimen, daß die Geschichte nicht sehr anständig war. Hier wird deutlich, daß Tati von der Pantomime kommt und daß er früher auf Bühnen auf-

Auf den Gehplatten im Vorgarten der Arpels wird eine simple Präsentation zum absurden Ballett (v. l.: Jacques Tati, Jean-Pierre Zola, Lucien Frégis)

getreten ist. Dabei kam es stets auf die nonverbale Komik des körperlichen Ausdrucks an und nicht auf Dialoge.
Der Inhalt der Dialoge ist nebensächlich. Sound-Effekte werden aber stets bewußt und immer an der richtigen Stelle eingesetzt. Nach Cauliez hat in *Mein Onkel* der Ton die gleiche Bedeutung wie das Bild. Die beiden Gegensätze des Films, die Welt der Arpels und die Hulots, werden durch unterschiedliche Klänge und Geräusche hergestellt. Bei den Arpels klirrt, schwirrt, summt und brummt es unaufhörlich, hervorgerufen durch die zahllosen Haushaltsmaschinen. Als Gérard eines Tages von der Schule nach Hause kommt, hört er das vertraute Dröhnen des Staubsaugers. Er ruft nach seiner Mutter, doch sie antwortet nicht. Schließlich entdeckt er einen vollautomatischen Staubsauger, der auf dem Fußboden hin und her fährt, während seine Mutter an einem anderen Ort beschäftigt ist. Sound-Effekte sind wesentliche Bestandteile von Tatis Gags. Die vielen Geräusche im Haushalt der Arpels, Hulots quietschendes Fenster und das gurgelnde Geräusch der Fischskulptur verstärken die Komik einer Situation. Interessanterweise stellte Tati von *Mein Onkel* sowohl eine französische als auch eine englische Fassung her. Wenn also eine Aufnahme in Französisch abgedreht war, wurde sie wiederholt und in phonetisch richtigem Englisch gemacht. Bei beiden Versionen lassen sich kleine Unterschiede in den Bewegungen bzw. im Aufnahmewinkel feststellen. Die englische Version ist außerdem zehn Minuten kürzer.
Nach den überaus aufwendigen Schneide- und Synchronisationsarbeiten wurde der Film schließlich 1958 uraufgeführt. In Frankreich war er der größte Kassenerfolg des Jahres. Der Film wurde in Cannes mit dem Spezialpreis der Jury ausgezeichnet. Im Jahr darauf, als *Mein Onkel,* von den Kritikern hoch gelobt, in den USA lief, bekam er den »Academy Award« für den besten ausländischen Film des Jahres. Pierre Marcabru sah den Erfolg von *Mein Onkel* im Zusammenhang mit der damaligen Situation des französischen Kinos: »Im französischen Film, der sich mehr und mehr dem Humor verschließt und in dem es immer weniger zu lachen gibt, ist Jacques Tati geradezu ein Phänomen.«[77]
Nur Filmemachern, die genügend Individualität und Selbstvertrauen besaßen, wie etwa René Clair, Sacha Guitry oder eben Tati, gelang es in der wenig inspirierenden Zeit der frühen fünfziger Jahre, Filme von Format zu schaffen.

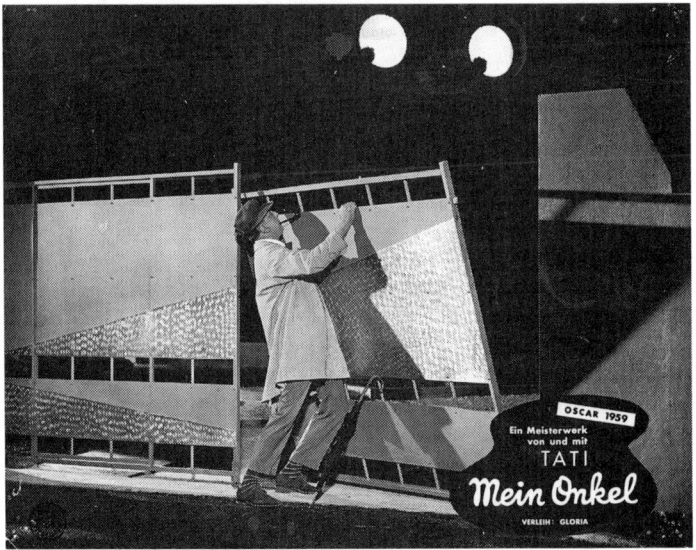

Das Dekor beginnt zu leben: Nachts wirken die beiden runden Fenster im Haus der Arpels wie große Augen und die Köpfe der Bewohner wie Pupillen

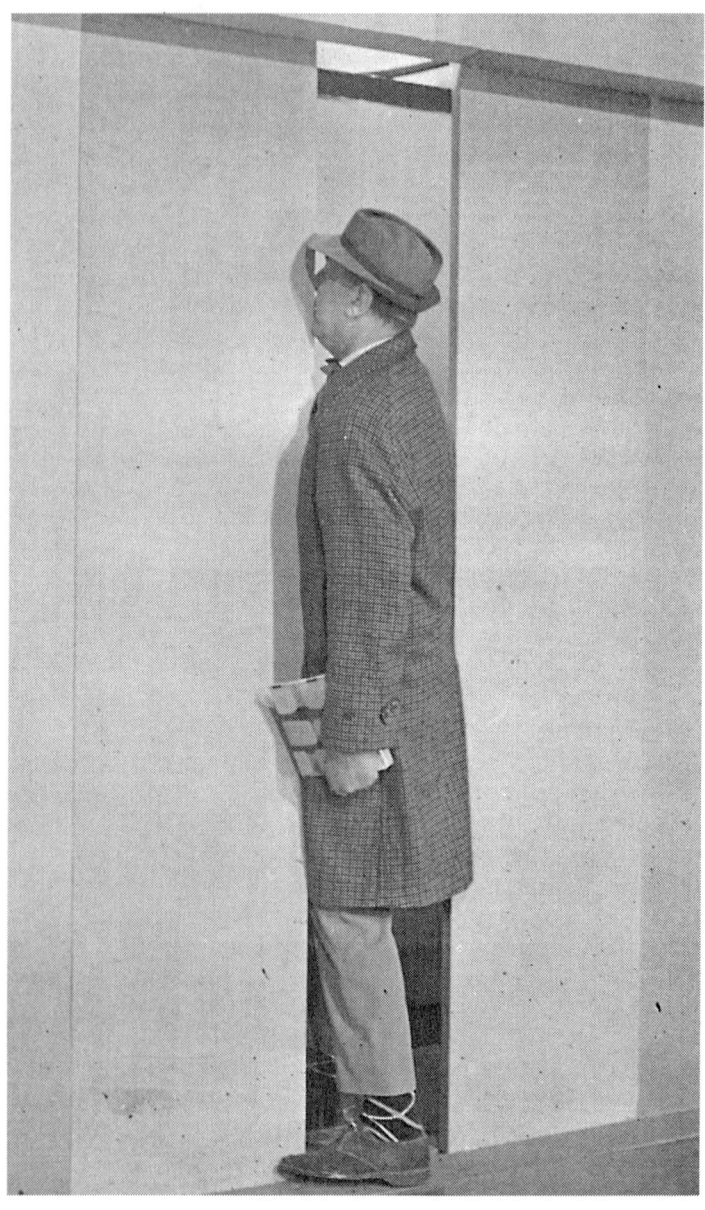

Playtime

Hulot war Ende der fünfziger Jahre eine äußerst populäre Filmfigur geworden, so daß eine amerikanische Fernsehgesellschaft Tati anbot, eine Serie mit Beiträgen von 15 Minuten Dauer zu machen, was er aber umgehend ablehnte: »Warum sollte ich zwischen Spaghetti und dänischem Bier auftreten?!«[78] Auch blieb Tati nicht verborgen, daß sich die Filmindustrie durch das Fernsehen sehr gewandelt hatte. Nachdem nun das Fernsehen allgemein verbreitet war, mußte das Kino etwas Besonderes bieten. Kleinere, weniger bombastische Filme drohten bei der Jagd um die Gunst des Publikums auf der Strecke zu bleiben. Dies mußte auch Tati fürchten, denn »der notwendige Aufwand für sein Filmschaffen, seine spätere Arbeitsmethode und die Experimente mit den Gags trieben die Kosten in unerschwingliche Höhen«.[79] Nachdem er *Mein Onkel* abgeschlossen hatte, dauerte es länger als bei jedem anderen seiner Filme, bis er mit den Dreharbeiten zu *Playtime* beginnen konnte. Er bestand darauf, daß alles geregelt sein müsse, um mit der Produktion anzufangen. Der Umfang des Films und das Schneckentempo der Produktion, auf dem Tati bestand, setzten voraus, daß alles bis ins kleinste Detail geplant sein mußte.

Die *New York Times* schrieb Anfang 1965: »Tati scheint wieder aus der Versenkung aufzutauchen. Wie aus Paris berichtet wird, will der vielseitige Drehbuchautor, Schauspieler und Regisseur nach dreijähriger Vorbereitung bald mit den Aufnahmen seines vierten Films beginnen, der zunächst einmal unmißverständlich *Tati no. 4* heißt.«[80]

Der Film hieß schließlich *Playtime*. Er wurde in 70 mm und Stereoton gedreht, mit der bis dahin größten Besetzung, dem aufwendigsten Filmteam und den kostspieligsten Bauten. Tati verpflichtete die Darsteller und das Filmteam für die Dauer eines Jahres, was sehr ungewöhnlich ist, doch war er sicher, die Zeit zu brauchen, um seine Ideen zu verwirklichen.

In seinem neuen Film erweiterte Tati den Mikrokosmos seiner früheren Filme. Der neue spielt nicht in einem verschlafenen französischen Nest, einem kleinen Badeort oder in der Pariser Vorstadt, sondern mitten im ultramodernen Paris. Bereits 1959 hatte Tati darauf hingewiesen, daß sich sein nächster Film mit

Menschen befassen werde, »die von überall her kommen und die, wenn sie zusammentreffen, feststellen, daß ihre Sorgen und Wünsche dieselben sind«.[81] Der Film wurde international besetzt, in der Mehrzahl wieder mit Laien wie in *Die Ferien des M. Hulot*. Tatis Paris ist mit jeder modernen Großstadt vergleichbar. Die Meute der Touristen könnte sich ebenso statt durch Paris durch New York oder Tokio wälzen.

Als Hulot etwa zehn Jahre früher von seinem Schwager Arpel in die Wüste geschickt wurde, verließ er ein Paris und eine Umgebung, in der er sich eigentlich noch gut zurechtfand. Die Arpels hatten zwar ihr Reich mit allen möglichen technischen Errungenschaften ausgestattet, Hulot aber blieb eher seinem liebenswürdigen Stadtteil verbunden. Als nun Hulot in *Playtime* durch die Straßen seiner Heimatstadt schlendert, geht es ihm wie einem Fisch auf dem Trockenen. Nur wenig erinnert an damals. Die gemütlichen Winkel sind verschwunden.

Hulot macht die Entdeckung, daß die berühmten Pariser Sehenswürdigkeiten nur mehr Reflexionen in den Glastüren der zahllosen Hochhäuser sind. Man freut sich bereits, wenn wenigstens die Spiegelbilder etwa des Eiffelturms oder des Arc de Triomphe beim Öffnen und Schließen einer Glastür auftauchen. Das alte Paris ist nur mehr eine Spiegelung, ein Traum.

Außerhalb von Paris wurde innerhalb von fünf Monaten eine riesige Kulissenstadt von Hunderten von Arbeitern errichtet. Sie sollte die Straßenschluchten und Glasbauten des modernen Paris darstellen. Jeder Wolkenkratzer hatte bewegliche Wände, um die Aufstellung der Kamera bzw. deren Fahrten zu erleichtern. Jedes Gebäude war mit einer eigenen Heizung ausgestattet. Tativille, wie es schon bald genannt wurde, hatte alles, was zu einer richtigen Stadt gehört. Zwei Elektrizitätswerke produzierten Strom, der für eine Stadt von 15 000 Einwohnern ausgereicht hätte. Alle Straßen waren gepflastert, die Ampelanlagen funktionierten, ebenso die Neonreklamen.

Hier befanden sich auch die Aufnahmestudios, die Garderoben und Kantinen für die Schauspieler und das Filmteam. Tati trieb seinen Perfektionismus sogar so weit, daß er die Gebäude auf Schienen stellen ließ, um sie je nach Bedarf hin- und herschieben zu können. Kein Wunder, daß Tativille eine große Touristenattraktion wurde, auch prominente ausländische Besucher wurden eingeladen. Man fühlt sich an die riesigen Bauten in D. W. Grif-

Das gläserne Paris in ›Playtime‹ könnte ebensogut auch New York oder Tokio sein: (oben) die Ankunft am Flughafen; (unten) der gehörnte Reisebüroangestellte

fiths *Intolerance* erinnert. Tati faßte den Entschluß, die Stadt für junge Regisseure und Filmemacher zu erhalten, aber sie mußte dem Bau einer Autobahn weichen.

Für Cauliez ist *Playtime* eine Ergänzung zu einer außergewöhnlichen Trilogie, den ersten drei Filmen. Mit *Playtime* erhielt man genaueren Einblick in Tatis Gesamtwerk. Nun ließen sich die Filme besser vergleichen. Daß die geruhsame, beschauliche Welt in *Tatis Schützenfest* und in *Die Ferien des M. Hulot* mehr und mehr von der neuen Zeit verdrängt wird, veranschaulicht *Mein Onkel*. In *Playtime* wird ihr endgültig der Garaus gemacht, obwohl einige der Dargestellten wenigstens in ihrem Herzen noch altmodisch sind. Cauliez weist darauf hin, daß Tati in *Playtime* viele Elemente aus früheren Filmen wieder aufgreift. So taucht das Karussell aus *Schützenfest* wieder in dem Karussell der Autos im Stau auf (die Autos fahren im Kreisverkehr, bleiben schließlich stehen; ein kleines Mädchen wirft eine Münze in eine Parkuhr – die Autos fahren wieder weiter im Kreis herum). Die bunt zusammengewürfelten Urlauber in *Die Ferien des M. Hulot* sind mit der völlig überdrehten Touristenmeute aus *Playtime* zu vergleichen.

Das schicke, aber unpraktische Royal Garden Restaurant erinnert an den hypermodernen Lebensstil der Arpels in *Mein Onkel.* Cauliez ist der Ansicht, daß *Playtime* nicht einfach den Kampf des Neuen gegen das Alte darstellt, sondern moderne und traditionelle Entwicklungen integriert, womit dieser Film thematisch über die früheren Filme hinausgeht.

Walter Kerr wies darauf hin, »daß in ›epischen Komödien‹ die Handlung immer Gefahr läuft, vom Szenenbild erdrückt zu werden. Ein großes und aufwendiges Bild ist normalerweise der heiteren Handlung abträglich, weil es schwierig zu sein scheint, darin einen Menschen auszumachen.«[82]

Hulot taucht jedoch absichtlich nur für einen Moment auf, um dann wieder im Großstadtgewühl zu verschwinden.

In *Playtime* agiert die Hauptperson zunehmend im Hintergrund, die Menschen auf der Straße sind gleichrangig wichtig.

Tati beschäftigt sich hier mit der modernen Welt und zeigt, daß sich Komik und Abenteuer gerade in den banalsten Dingen verbergen; zwar kämpft Hulot nicht mit rasenden Zügen, macht keine Schießereien und beteiligt sich nicht an Wirtshausprügeleien, aber ein einfacher Spaziergang durch die Menschenmenge auf

Hulot auf der Messe: kurzbeinige Büromöbel (oben) und verstellbare Brillen (unten)

der Straße kann bereits ein großes Abenteuer sein. Hulots simpler Versuch, M. Giffard zu verfolgen, ein recht dünner Aufhänger der ohnehin nur bruchstückhaften Handlung, gerät zu einem wahren Abenteuer. Dabei stolpert er beinahe über alles, was ihm in der technisierten Welt von heute in die Quere kommt. Ebenso wie die Helden der Stummfilmkomödien kämpft Hulot tapfer gegen die Widrigkeiten der viel zu komplexen Zeit.
Tati hat besonderen Wert darauf gelegt, den Bauten eine strenge Uniformität zu verleihen. Zu Beginn des Films glaubt man in der Eingangshalle eines modernen Bürohauses zu sitzen. Nach und nach füllt sich der fast leere Raum: mit einigen Nonnen, einem Herrn, der einem Arzt ähnelt, einem älteren Ehepaar. Nun stellt sich der Eindruck her, daß man es mit dem Wartesaal eines Krankenhauses zu tun hat. Schließlich versammeln sich immer mehr Leute, und man begreift endlich, daß es sich bei diesem Raum um die Wartehalle des Pariser Flughafens Orly handelt. Die Gebäude aus Stahl und Glas sehen alle gleich aus. In einem Gebäude hängen Reisebüroplakate aus der ganzen Welt an der Wand. Auf jedem Poster ist das gleiche Gebäude abgebildet; denn die Phantasielosigkeit der modernen Zeit vereinheitlicht alle Unterschiede. »Die Stühle im Restaurant und in der Bank sind die gleichen, der Bodenbelag ist der gleiche, und auch die Farbe ist überall gleich. Das kostet natürlich eine Menge Geld, aber teurer als Sophia Loren ist es auch nicht«[83], bemerkte Tati. Um die zahlreichen Reflexionen zu verhindern, wurden photographische Vergrößerungen anstelle von Fensterscheiben verwandt, was die Tristesse noch verstärkt. Tati hatte überdies befürchtet, die Reflexionen könnten zu verführerisch sein.
Playtime setzt sich keineswegs nur aus der Story oder komischen Situationen zusammen. Tati präsentiert Charakterchoreographien. Die Bewegungen der Personen werden so effektvoll eingesetzt, daß an ihnen die Dramatik der Handlung zu erkennen ist. Die Menschen in der Schalterhalle des Flughafens rennen alle hintereinander her. Barbara, eine junge amerikanische Touristin, die der Martine aus *Die Ferien des M. Hulot* ähnelt, schlendert zusammen mit ihren Reisebegleiterinnen durch eine Haushaltsausstellung. Sie wendet für einen kurzen Moment ihre Augen von der zwingenden Linearität der Architektur, die sie umgibt, ab, als sie Hulot in einer komischen Situation bemerkt. Zu Beginn des Films irrt Hulot in einer typischen Weitwinkelauf-

Monsieur Hulot verwandelt eine Lampe in ein Mikrophon und interviewt zwei Messebesucherinnen

Zu Beginn des Films irrt Hulot in einer typischen Weitwinkelaufnahme zwischen vielen kleinen Büroboxen hin und her

nahme zwischen vielen kleinen Büroboxen hin und her, um M. Giffard zu suchen, mit dem er eine geschäftliche Verabredung hat. Dieser ist zwar ab und zu für den Zuschauer sichtbar, nicht aber für Hulot. Aus der Sicht des Betrachters ist die geometrische Aufteilung des Gebäudes völlig absurd. Folgt man der Handlung, ist man bald ebenso der Architektur und ihren Tücken ausgeliefert; Giffard knallt gegen eine Glastüre, als er auf jemanden zugeht, der Hulot ähnelt. Tati möchte unsere Wahrnehmungsfähigkeiten verändern. Anfangs folgen die Menschen mit ihren Bewegungen der Architektur; sie imitieren deren Geometrie.

Später beginnen sie zu tanzen, drehen sich und bewegen sich schließlich ganz gelöst, ihrem natürlichen Körpergefühl entsprechend. Als sie schließlich gegen Ende des Films in das neueröffnete Royal Garden Restaurant gehen, werden ihre Bewegungen fließender und quirliger.

François war noch die Hauptperson in Tatis erstem Film. Hulot aber teilte von Anfang an das Rampenlicht mit anderen. In *Playtime* ist Hulot nur noch einer von vielen. Tati vereinte in ihm Eigenschaften, die allen Menschen gemeinsam sind, so daß er sich schließlich sehr effektvoll in seine Umgebung integriert. Damit ist Tati die demokratische Komödie gelungen, um die er so lange bemüht war. Roy Armes meint, Hulot sei in »*Playtime* nur episodisch eingeführt«[84], da etwa gleich viel Zeit darauf verwandt wird, die Touristen zu zeigen, wie Hulot zu folgen.
Konsequenterweise führt Tati zu Beginn auf der Haushaltsausstellung einen Doppelgänger von Hulot ein; gekleidet wie dieser, bis hin zu der zwischen den Zähnen steckenden langen Pfeife. Der Zuschauer kann sich seinen Film selbst zusammenbasteln und entscheiden, wen er durch den Film hindurch verfolgt und wer der Star sein soll. Über den unsichtbaren Hulot schrieb Jean L'Hote: »Für Tati wäre ein Film über Hulots Abenteuer, in dem dieser gar nicht erscheint, ideal. Seine Gegenwart wäre nur an dem kleineren oder größeren Chaos, das er hinterläßt, zu bemerken. Welche Regisseure haben einen vergleichbaren Respekt vor ihrem Publikum oder soviel Vertrauen in dessen Vorstellungskraft?«[85]
In *Playtime* ist es Tati am besten gelungen aufzuzeigen, daß auch ganz normale Leute komisch sein können. Mit der Zurücknahme Hulots rücken die Schauplätze mehr und mehr in den Vordergrund, denen sich Tati immer mit großer Hingabe gewidmet hat: dem Dorf in *Tatis Schützenfest*, dem kleinen Hotel in *Die Ferien des M. Hulot* und den völlig verschiedenen Wohnorten in *Mein Onkel*. Sie alle entsprechen den dargestellten Personen. Obwohl Tati Hulots Präsenz zurücknimmt, bleibt sein Einfluß auf die Dinge erhalten. Auch wenn er nur kurz durch das Bild geht, hinterläßt er seine Spuren: heilloses Durcheinander. In der Welt aus Stahl und Glas erscheint er einmal nur noch als Spiegelung. Giffard versucht verzweifelt, Hulot im Gewühl des Bürohauses zu finden, bis er ihn endlich erblickt. Erfreut geht er auf ihn zu, um ihn zu begrüßen, ohne zu merken, daß er lediglich einer Spiegelung Hulots im Fenster aufgesessen ist. Als er ins Freie tritt, muß er entsetzt feststellen, daß Hulot verschwunden ist.
Über Tatis Angewohnheit, mit Amateuren zu arbeiten, schreibt Cauliez: »Er verlangt von seinen Schauspielern nicht Talent, sondern ihr natürliches Verhalten ist ausschlaggebend.«[86]

Tati besetzte die Rolle des Ausstellers von aufblasbaren Stühlen mit seinem eigenen Filmverleiher. Ein Elektronikexperte spielt den Vertreter für Besen mit eingebauter Beleuchtung. An die amerikanischen Touristinnen geriet Tati anläßlich eines Essens der Streitkräfte, bei dem er als Kellner tätig war. Die Rolle eines Chauffeurs wurde vom Regieassistenten übernommen. Barbara Dennek, die hier die obligatorische weibliche Hauptrolle hat, ist in Wirklichkeit ein Kindermädchen aus Tatis Umgebung.
Er verlangt von seinen Schauspielern, daß sie sich selbst spielen. Über die scheinbar geringen Anforderungen, die Tati an seine Darsteller hat, schreibt Mary Blume: »Die Schauspieler sollen nur einer hinter dem anderen gehen, die Choreographie aber muß genau abgestimmt sein, damit keiner aus der Reihe tanzt.«[87]
Anscheinend wird die kalte und abweisende Stadt sowohl von den völlig aufgedrehten Touristen als auch von ihren Bewohnern akzeptiert. Die Touristen stürzen sich begeistert von einer Vergnügung in die andere; die Einheimischen bemerken anscheinend gar nicht die Leere ihrer Stadt oder haben sich bereits völlig damit abgefunden.
Niemand tanzt in *Playtime* aus der Reihe. Keiner der zahllosen Schauspieler, die gleichförmig auftreten. Obwohl man Hulot als einen Getriebenen bezeichnen könnte, ist sein exzentrisches Verhalten dafür ausschlaggebend, daß er niemals aufgibt. Dabei ist er nur einer von vielen. Die Menschen um ihn herum scheinen nur auf den ersten Blick völlig angepaßt zu sein; Lebenslust steckt eigentlich in allen. Diese bricht aus, als die Ordnung ins Wanken gerät – wie in der Nachtclubsequenz.
Natürlich ist Tati kein Dokumentarist des alltäglichen Lebens, im Gegenteil; er spielt lieber mit Bauten und Objekten herum und schafft Wirklichkeitsebenen und Gemeinsamkeiten zwischen scheinbar verschiedenen Handlungen und Gegenständen. Tati hat eine metaphorische Sichtweise: ein Büro wird zum Irrgarten, ein von Autos verstopfter Kreisverkehr verwandelt sich zunehmend in ein Karussell, die herunterbrechenden Dekorationen im Nightclub verwandeln sich zu Einzäunungen, und Straßenlaternen erinnern an Blumensträuße. Er beobachtet nicht nur, sondern er arrangiert. Ein Geistlicher, der vor einer Neonschrift steht, erhält einen Heiligenschein, als das »o« des Wortes »Drugstore« aufleuchtet.
Penelope Gilliatt schreibt, Tati habe für *Playtime* wohl »eines

Zwei typische Tati-Sightgags, die im Film nur Sekunden dauern: Hulot trinkt versehentlich aus dem Glas eines anderen Gastes (oben); das Ekeltier, das Hulot in die Luft hält, entpuppt sich als Teil eines Damenkostüms

der dünnsten Drehbücher für einen 70-mm-Film geschrieben, das es je gab«.[88] Die Handlung ist trotz der großen technischen Möglichkeiten des Films nur von sekundärer Bedeutung. Eine Gruppe schwatzender Amerikanerinnen steigt in Orly aus dem Flugzeug. Die Kamera folgt ihnen, wie sie vergeblich versuchen, das Paris zu entdecken, das ihnen vom Hörensagen bekannt ist. Hulot versucht, ebenfalls ohne Erfolg, mit Giffard zusammenzutreffen, mit dem er sich vermutlich wegen eines Jobs verabredet hat. Zunächst kreuzen sich Hulots Wege nur gelegentlich mit denen der Touristinnen, bis sie gegen Ende des Films schließlich zusammenlaufen. Barbara, eine hübsche junge Dame, die im Gegensatz zu ihren geschwätzigen Mitreisenden sehr still ist, entdeckt Hulot und wird von ihm auf ungewöhnliche Weise erheitert.

Sie haben jedoch nur Blickkontakte miteinander. Der Tag gipfelt für die Touristinnen in einer wilden Eröffnungsparty des Royal Garden Nightclub, bevor sie am nächsten Tag wieder nach Orly zurückfahren. Barbara hält einen kleinen Blumenstrauß und ein Halstuch in den Händen, das ihr Hulot in stiller Verehrung in einem Moment der Selbstüberwindung geschenkt hat. Ironischerweise sind auf dem Tuch Ansichten des »typischen« Paris abgebildet, das sie nie zu sehen bekam.

Hulot hat in einem riesigen Bürogebäude eine Verabredung. Nachdem er sich angemeldet hat, wartet er auf einem Sofa. Schließlich taucht am Ende eines ewig langen Korridors der Mann auf, den er sprechen will. Seine Schritte werden immer lauter. Hulot schickt sich zwei- oder dreimal an aufzustehen, um den Herrn zu begrüßen, doch der Portier macht ihm Zeichen, ruhig noch sitzen zu bleiben, da es noch ein Weilchen dauern wird. Sequenzen wie diese verweisen auf den Zusammenhang von sozialem Verhalten und Architektur. Hulots Versuche, Giffard zu begrüßen, dessen Verhinderung, bedingt durch die riesigen Ausmaße des Gebäudes, werden durchaus objektiv dargestellt.

Auch in den alltäglichen Dingen kann Lächerliches stecken. Tati breitet Tableaus, vergleichbar den Bildern Bruegels, vor uns aus, auf denen zahllose Aktivitäten zu entdecken sind – ein ganzes Spektrum für den Zuschauer. »Normalerweise«, schreibt Rosenbaum, »lachen die Leute in einer Komödie zur gleichen Zeit über die gleichen Dinge. In *Playtime* dagegen lacht man zu verschiedenen Zeiten über die unterschiedlichsten Dinge.«[89]

Bei der Restauranteröffnung ist Hulot zu Beginn noch der einzige Störfaktor (oben); mit der Zeit versinkt jedoch alles im Chaos – und die Steifheit der Gäste weicht allgemeiner Ausgelassenheit (unten)

Die Zuschauer sind auf eigene Beobachtungen angewiesen. »Die Bilder sind so konzipiert«, meint dazu Tati, »daß *Playtime* nach mehrmaligem Betrachten nicht nur mein Film ist, sondern immer mehr zu dem des Publikums wird.«[90] Die Sequenz im Royal Garden Nightclub ist von größter Bedeutung: Sie stellt fast einen eigenständigen Film dar, der etwa folgenden Titel haben könnte: »Die Zerstörung des Nachtclubs«.
Wenn man sich den dramatischen Aufbau des Films vergegenwärtigt, bildet die Szene im Royal Garden zweifellos den Höhepunkt. Hier treffen alle aufeinander, hier triumphiert auch schließlich das Menschliche über das Diktat der Technik und des Designs. Der Royal Garden Nightclub ist am Eröffnungsabend noch nicht ganz fertiggestellt und eingerichtet. Die Bodenfliesen wurden kurz vorher verlegt, die Dekoration in aller Eile angebracht. Als die Touristenmeute in das Lokal einfällt und sich in der hastig zusammengestellten Einrichtung verteilt, ist immer noch nicht ausprobiert worden, ob eigentlich alles funktioniert. In der Folge löst sich minutiös, Schritt für Schritt, das Royal Garden auf und versinkt immer mehr in Trümmern. Aber dennoch amüsieren sich die Gäste wunderbar und tanzen immer wilder und ausgelassener, während ringsherum alles im Chaos versinkt. Die Jazzband wechselt von Cool zu Hot Jazz.
Die Weitwinkeloptik kommt dabei voll zur Geltung. Gag folgt auf Gag, bis überall im Raum etwas los ist. Das Durcheinander erreicht ein solches Ausmaß, daß es unmöglich ist, alles gleichzeitig zu verfolgen. Als die Trümmer des schicken Nachtclubs den Feiernden um die Ohren fliegen, verkehrt sich ihr Stumpfsinn, ihre Angepaßtheit ins Gegenteil: Im Chaos wird das Menschliche freigesetzt. Nach und nach lösen sich die Leute von ihren roboterhaften Bewegungen, tanzen immer zügelloser, bis sie schließlich eine taumelnde und trunkene Lebensfreude einholt.
Die Szene im Nachtclub nimmt etwa ein Drittel der Filmlänge ein. Wie bedeutend sie für den ganzen Film ist, geht aus Tatis eigener Beschreibung hervor: »Ich mußte jedes Detail einzeln ausarbeiten und jedem Schauspieler einschärfen, was er zu tun hatte. Ich drehte sieben Wochen. Zuerst mußte ich die verschiedenen Bewegungen im Hintergrund festlegen, dann die im Vordergrund. Wenn ich den Ablauf einer Aufnahme vorbereitete, blickte ich in den Sucher, um alles gleichzeitig sehen zu können.

Oben: Die Glastür zerspringt in tausend Stücke – Unten: Die Stühle hinterlassen bei jedem einen Abdruck auf dem Rücken

Auch mußte ich die Szenen aufeinanderfolgend drehen, anders wäre es nicht gegangen.«[91]

Die Gags des Films sind von bekannt hoher Qualität. Die Zerstörung des Nachtclubs kündigt sich an, als die Bodenfliesen am Fuß des Maître d'Hôtel kleben. Eine Platte mit Fisch paßt nicht durch die Durchreiche, die Küche und Lokal verbindet. Der Fisch wird dann auf einem Servierwagen zu einem Tisch der Gäste gerollt. Ein eifriger Ober nach dem anderen nähert sich, um den Fisch nach eigenem Gutdünken zu würzen. Tati hält sich jedoch nicht lange damit auf, wie die Gäste auf diesen »überwürzten« Fisch reagieren, und wendet sich der nächsten Handlung zu: Ein liebenswürdiger Portier öffnet und schließt die Glastür. Schließlich zerspringt die Tür in tausend Stücke, doch der Portier hält weiterhin unbeirrt den Griff in der Hand und tut so, als wäre nichts geschehen. Die schmiedeeisernen Stühle sind so schlecht konstruiert, daß sie bei jedem, der auf ihnen sitzt, einen Abdruck auf dem Rücken zurücklassen. Als die Deckenverkleidung herunterbricht und nur noch an wenigen Drähten hängt, benützt sie der hemdsärmelige amerikanische Geschäftsmann als Einzäunung. Er lädt alle Personen, die von den Stühlen einen Abdruck auf dem Rücken haben, zu einer privaten Party hinter dem behelfsmäßigen Zaun ein. Erstaunlicherweise ist auch Hulot von diesem exklusiven Zirkel nicht ausgeschlossen. Hier lohnt sich ein Vergleich mit dem einsamen Hulot auf dem Maskenball in *Die Ferien des M. Hulot*. Er ist zwar immer noch exzentrisch, aber nicht mehr der Outsider von früher.

Das jähe Mißverhältnis zwischen der hohen Meinung, die jemand von sich hat, und den schäbigen Dingen, die das Leben so bietet, ist immer erheiternd. In einer Sequenz im Royal Garden Nightclub wird dieser Gedanke noch erweitert. Als der Nightclub in Trümmer fällt, entsteht der Eindruck, als rutsche eine aufgeblasene Person auf einer Bananenschale aus.

Auch hier werden Themen aus früheren Filmen wieder aufgegriffen und fortgesetzt. Das zweitklassige »Hôtel de la Plage« aus *Die Ferien des M. Hulot* erscheint wieder, diesmal als erstklassiger Nachtclub; war damals der Maskenball mit Hulot als einzigem Teilnehmer ein Reinfall, so geht es diesmal hoch her. Man wird ebenfalls an Hulots vergebliche Versuche erinnert, auf der Gartenparty der Arpels in *Mein Onkel* nicht unangenehm aufzufallen.

Monsieur Hulot auf der Suche nach Monsieur Giffard

Tatis Kameraführung ist einfach, ja elementar. Bei der Vertonung betritt er Neuland. Durch die Verwendung des 70-mm-Formats wurde es möglich, mehrere Tonspuren zu bespielen, so daß der Film schließlich mit Fünf-Kanal-Stereo versehen wurde. Tati zeigt als einer der wenigen Filmemacher starkes Interesse für das im Vergleich zum herkömmlichen Lichtton erheblich verbesserte Magnettonsystem. Ein Grund für den verzögerten Start des Films in den USA war Tatis Hoffnung, *Playtime* nur im 70-mm-Format vorzuführen, um Bild- und Tonqualität beizubehalten. Als sich Tati entschloß, den Film neben der 70-mm-Fassung auch in 35 mm laufen zu lassen, wurde damit die Tonqualität notgedrungen geopfert.

Für Tati bedeutet die Herstellung der Tonspur praktisch eine Neuaufnahme des Films mit anderen Mitteln. Die meisten Szenen werden ohne Ton gedreht, um später die wenigen Stimmen und verschiedenen Geräusche in der Abgeschiedenheit des Studios hinzuzufügen. Sound-Effekte verdichten sich in Tatis Filmen zu Ausdrucksmitteln, erzeugen aber auch Komik. Unheimlich, beinahe surrealistisch brummt z. B. die Neonreklame. Da im Film viele Nationalitäten vertreten sind, wird man von einer Kakophonie von Sprachfetzen berieselt. Für Cauliez ist *Playtime* der erste Film, der in »Franglais« gedreht wurde.

Zunächst bewegt sich die Musik von Francis Lemarque auf gleicher Ebene neben den schrillen und jazzigen Themen von David Stein und James Campbell. Letztere setzen sich schließlich durch, als das verborgene Temperament der Gäste zum Durchbruch kommt. Cauliez konstatiert einen deutlichen musikalischen Aufbau in der Royal-Garden-Szene. R. C. Dale geht so weit, die Struktur des Films als eine Art Fuge zu bezeichnen, in der Hulot und Barbara als zunächst selbständige Elemente mehr und mehr zusammenkommen, als sich ihre Wege immer öfter kreuzen. Seiner Ansicht nach beweist Tati hiermit, daß »menschliche Kontakte trotz des menschenfeindlichen Labyrinths der Großstadt noch möglich sind«.[92]

Barbara spielt eine ähnliche Rolle wie Martine in *Die Ferien des M. Hulot:* Durch sie bekommt Hulot auch einmal Gelegenheit, seine romantische Seite hervorzukehren. Sie vermittelt auch zwischen Hulot und den anderen Personen des Films.

Hulot ist aus amerikanischer Sicht ein Repräsentant des alten Europa, einer Zeit, die bereits vorübergegangen ist. Als der Bus zum Flughafen zurückfährt, schaut Barbara auf ihr kleines Blumensträußchen. Sie blickt auf und bemerkt die Straßenlaternen, die am Fenster vorbeihuschen. Der Blumenstrauß und die Straßenlaternen haben die gleiche Form. »Wenn jemand Lichtmasten am Straßenrand sieht und dabei an *Playtime* erinnert wird, dann habe ich erreicht, was ich wollte.«[93] Für Tati sind die kurzen Momente der Aufmerksamkeit und der Romanze ein Sieg über die technische Welt.

Der Film wurde mit Tatis eigenen Mitteln hergestellt. Gewöhnlich steckte er die Überschüsse von einem Film in den nächsten. Die Kosten des Films waren sehr hoch und lagen weit über allem, was Tati bis dahin ausgegeben hatte. Daher sah er sich gezwungen, eine Hypothek auf sein Haus in Saint-Germain aufzunehmen. Obwohl er praktisch pleite war, konnte er den Film, den viele seiner Kritiker als sein Meisterwerk bezeichnen, beenden. Selbstverständlich gab es die üblichen Schwierigkeiten mit den Verleihern, die den Film in den USA unter dem Titel »Mr. Hulot in Playtime« laufen lassen wollten. Tati lehnte ab, denn der Film handelte nicht ausschließlich von Hulot, sondern von jedermann. Die Verleiher überredeten Tati, *Playtime* um 15 Minuten zu kürzen. Die englische Version wurde später ganz beträchtlich von zweieinhalb Stunden auf zwei Stunden zusammengeschnitten.

Tati war nur von der ungeschnittenen Fassung überzeugt. In Frankreich lief der Film nur in Kinos mit 70-mm-Projektion und Stereoton. Tati hatte keine Fassung für die billigeren 35-mm-Kinos vorgesehen; folglich war *Playtime* ein kommerzieller Mißerfolg. Vor einigen Jahren schrieb Rosenbaum: »Man könnte sagen, daß Tati seinem Publikum zu viele Freiheiten läßt und die Fähigkeiten einzelner Betrachter überschätzt.«[94]

In den USA kam *Playtime* erst Mitte 1973 heraus, ein halbes Jahr nach dem später entstandenen *Trafic*. Die Verleiher waren sich über die kommerziellen Aussichten des Films im unklaren. Tati bestand darauf, daß er nur in 70 mm und Stereoton laufen dürfe und blieb so lange hart, bis er Gewißheit darüber hatte, daß die amerikanischen Verleiher den Film mit solchen Auflagen nicht nehmen würden.

Ironischerweise fielen die geschäftlichen Überlegungen der Verleiher mit den künstlerischen Tatis in einem Punkt zusammen: Dem amerikanischen Publikum wurden die Filme in der Reihenfolge vorgestellt, die auch Tati vorgesehen hatte, nämlich erst *Trafic* und dann *Playtime*.

Jenseits aller finanziellen Schwierigkeiten hatte Tati schließlich erreicht, was er wollte. »Ich bin stolz auf *Playtime,* es ist genau der Film, den ich machen wollte. Ich habe zwar physisch und finanziell ganz schön gelitten, aber es ist wirklich der Film, den ich machen wollte.«[95]

Trafic

Die Dreharbeiten zu *Trafic,* einer französisch-niederländischen Gemeinschaftsproduktion, begannen im Herbst 1969 in Holland. Hulot, der als Werbefachmann in der Autobranche tätig ist, soll zusammen mit Kollegen zum Amsterdamer Autosalon fahren, um dort den neuen Altra-Campingwagen erstmals vorzustellen. Die Story, dünn wie immer, bietet genügend Raum für zahlreiche Gags, so daß Hulot erst zum Schluß der Ausstellung in Amsterdam ankommt.

James Monaco stellt *Trafic* in einen interessanten Kontext: »Ohne die Motive, die in *Playtime* herausgearbeitet werden, kann man *Trafic* nicht im richtigen Zusammenhang sehen: Beide Filme bilden eine Art Diptychon. Sie sind hervorragende Farcen und ziehen gewissermaßen eine Quintessenz aus den Entwicklungen des zwanzigsten Jahrhunderts. Man wird an J. L. Godard erinnert, und zwar an einen Godard, der mehr Klassiker als Romantiker, eher kontrolliert als passioniert und eher ironisch als engagiert ist. *Playtime* ist Tatis *Deux ou trois choses que je sais d'elle* und *Alphaville, Trafic* ist Tatis *Weekend.*«[96]

Bereits im Vorspann kündigt sich das Thema des Films an. Man hört den ohrenbetäubenden Lärm einer Automobilfabrik. Autotüren werden geräuschvoll aus Blechen gestanzt und auf einem Fließband weitertransportiert. Schließlich wird eine völlig verbogene und zerknautschte Tür auf dem Band angeliefert. Nicht einmal die elegante und reibungslose Technik, der sich der Mensch anvertraut, ist frei von Mängeln und Fehlern.

Kurz nach Beginn des Films zeigt Tati die Ausstellungshalle des Amsterdamer Autosalons in einer für ihn so typischen Weitwinkelaufnahme. Angestellte, aus der Vogelperspektive aufgenommen, verteilen sich über die weite Halle und spannen eifrig Drähte, welche die Grenzen der jeweiligen Ausstellungsstände markieren. Aufgrund der großen Entfernung sind die Drähte jedoch nicht zu erkennen. Einige Personen, die die Halle durchqueren, versuchen mit hohen Schritten über die ausgespannten (für den Zuschauer unsichtbaren) Drähte zu staksen. Es entsteht der Eindruck, als blicke man auf eine Schar langbeiniger Flamingos, die in einer Lagune herumwaten.

Hulot taucht erstmals auf, als er sich still in sein Büro einer Pari-

Hulot und die PR-Dame der Firma Altra (Maria Kimberly) rüsten sich für die Fahrt nach Amsterdam

ser Autowerkstatt schleicht. In der Garage wimmelt es von Leuten, die in aller Eile das Ausstellungsstück der Firma, das Altra-Campingmobil, für den Autosalon zusammenbauen. Hulot, der Werbegrafiker, soll mit Marcel, dem gemütlichen Lastwagenfahrer, und Maria, der übereifrigen PR-Frau, nach Amsterdam zur Messe reisen. Marcel und Hulot fahren mit dem Lastauto, das das Campingmobil aufgeladen hat, hinter Maria her. Diese bahnt sich mit ihrem Sportwagen rücksichtslos den Weg durch den Straßenverkehr. Über weite Strecken handelt nun der Film von den auf der Fahrt auftretenden Widrigkeiten und »Straßensperren«.

Hulot hat sich verändert. Nicht länger müßig, unfähig etwas auf die Beine zu stellen, hat er es nun sogar zu einer Anstellung gebracht. Man sieht ihn bei der Arbeit. Offensichtlich hat er mehr Erfolg als in Arpels Plastikfabrik. Was hat Hulots Wandel zu bedeuten? Verschafft ihm Tati mehr Achtung, oder verrät er ihn? Allerdings ist Hulot unfähig, seinen Job zu behalten. Da er erst in Amsterdam eintrudelt, als der Autosalon seine Pforten

Nichts geht mehr: Hulot gibt als Verkehrspolizist eine klägliche Figur ab (oben) – Unten: Das Auto der PR-Dame erinnert an Hulots Vehikel in ›Die Ferien des Monsieur Hulot‹

schließt, wird er umgehend gefeuert und bekommt von seinem wütenden Chef nur noch das Geld für eine Bahnfahrt nach Hause. Das Publikum kann erleichtert aufatmen: Hulot ist sich selbst treu geblieben. Allerdings ist in seiner Persönlichkeit eine deutliche Veränderung zu bemerken. Im Gegensatz zu früher ist Hulot nicht mehr so befangen im Umgang mit Menschen und läßt sich nicht sofort einschüchtern.
Tatis Entscheidung, Hulot in der Rolle des Angestellten einer Firma, die ausgerechnet ein Campingmobil herstellt, zu präsentieren, war präzis durchdacht. In einer Gesellschaft, deren Werte sich verkehrt haben, scheint es symptomatisch zu sein, daß ausgerechnet ein naturverbundener Mensch wie Hulot ein Produkt vertritt, das geradezu eine Antithese zur Natur ist. Denn bei dem »Altra« handelt es sich um ein kleines, grünes Fahrzeug, das jeden nur erdenklichen Komfort der modernen technisierten Welt in die Abgeschiedenheit der Natur trägt: zahllose eingebaute praktische Geräte. Ein Wochenende darin unterscheidet sich kaum von einem Wochenende zu Hause. Auch die Dekoration des Messestandes besteht nur aus Pappmachébäumen. Von einem Tonband erklingt Vogelgezwitscher.
In *Playtime* war großer Aufwand in die ausgeklügelte Konstruktion von Tativille gesteckt worden. Bei *Trafic,* der ein geringes Budget hatte, wurde ein erheblicher Teil der Summe für das raffinierte Auto verwandt. Tati führt seine Schöpfung genüßlich vor, als der kleine Konvoi von der holländischen Polizei herausgewunken wird. Hulot und seine Begleiter müssen mit zum Polizeirevier. Dort werden vor den erstaunten Augen der Polizisten die zahllosen Vorzüge und Annehmlichkeiten des Fahrzeugs erläutert. Hulot zieht am Heck des Autos eine Markise heraus, Stangen werden herausgeklappt und zum Boden hin ausgezogen. Schließlich wird die Markise über das Gestänge gespannt, und fertig ist das Zelt! Die Hälften der Stoßstangen lassen sich nach außen schwenken und verwandeln sich in Stühle, die zu einem aus dem Fahrzeugboden herausziehbaren Eßtisch gehören. Die Rückleuchten sind abnehmbar, eine dient als Beleuchtung, die andere als Brause. Maria, die pausenlos den Beamten bedrängt, endlich alle weiterfahren zu lassen, nimmt sich dennoch Zeit, um voll Stolz die Schlafgelegenheiten vorzuführen. Sie sitzt neben einem etwas rundlichen Polizisten und zieht mit kräftigem Ruck an einer Leine, woraufhin sich unter ihnen eine Matratze auf-

Picknick am Fluß: (v. l.) Marcel Fraval, Jacques Tati, Maria Kimberly, Tony Kneppers

bläst und das Auto sich teleskopartig verlängert, um genügend Platz zum Liegen zu schaffen. Schließlich schwenkt Maria einen tragbaren Fernseher zwischen sich und den Polizisten: zwei Astronauten in ihrem Altra-Raumschiff. Auf dem Bildschirm wird gerade der Apollo-Flug übertragen, ein ironischer Verweis Tatis auf die Schwierigkeiten, die nicht nur Hulot unten auf der Erde mit der Technik hat. Hulot, der jetzt besser mit der Welt zurechtkommt, sträubt sich nicht mehr so ausschließlich gegen die Auswirkungen der Motorisierung. Eher fügt er sich in die mit ihnen einhergehenden, oft unsinnigen Zwänge. Tati zeigt in *Trafic* erstmals Dokumentaraufnahmen, die bei Autostaus und einer Automobilausstellung gedreht wurden.

Tatis Schwäche für eine realistische Darstellung scheint sich überhaupt in seinen Filmen niederzuschlagen, wie Roy Armes bemerkt. »Tati war stets darum bemüht, eine möglichst realistische Form der Filmkomödie zu schaffen. Das klingt paradox, denn normalerweise besteht ja die Komödie aus Exzessen und Übertreibungen, doch hat Tati immer diesen Weg verfolgt, und

nur unter diesem Gesichtspunkt sind seine Filme zu verstehen.«[97]
Tatis Bemühen, seine Filme möglichst realistisch zu gestalten, hängt von seiner dokumentarischen Sichtweise ab. Man denke nur an die exakte Wiedergabe der beiden Dörfer in *Tatis Schützenfest* und in *Die Ferien des M. Hulot* sowie an Tativille.
Die zahlreichen, Heiterkeit auslösenden Autonarren, die in den dokumentarischen Szenen an den blinkenden Automobilen der Ausstellung vorüberschlendern, sind der beste Beweis für Tatis These, nach der die Realität überaus reich an Komik ist. Es ist nur allzu klar, daß keiner dieser Leute die Mittel hätte, um sich derlei teure Autos zu leisten. So ähneln sie Kindern, die in etwas vernarrt sind, das sie nie besitzen werden und für das sie auch keine Verwendung haben. Gerade das Dokumentarmaterial verleiht diesen Szenen eine Deutlichkeit und eine Schärfe, die über die reine Komödie hinausgehen. Eine erst nach der Premiere gedrehte und in den Film eingefügte Einstellung demonstriert ein weiteres Mal, wie sorgfältig Tati arbeitet und beobachtet: Hulot bekommt, wie jeder andere Kunde auch, beim Tanken die lebensgroße Gipsbüste einer historischen Persönlichkeit geschenkt. Man überreicht einem kleineren, ängstlichen Mann die übergroße Büste eines spanischen Conquistadors, die er nur verständnislos anschaut und seiner Frau weiterreicht. Ein anderer erhält eine Büste, die ihm gleicht, worauf er jedoch nicht im geringsten reagiert. Tati konfrontiert uns mit etwas Vertrautem, nämlich mit einem völlig unnützen, unbrauchbaren Werbegeschenk, das an den Kauf eines Produktes gebunden ist.
Auch dieser Film ist mit Amateuren besetzt, die die kleineren Rollen gut ausfüllen. Maria aber, die PR-Frau von Altra in der Hauptrolle, ist eine Fehlbesetzung. Tati besetzte die Rollen mit typischen Persönlichkeiten, wie z. B. die der Maria mit dem amerikanischen Fotomodell Maria Kimberly. Auf talentiertes Spiel legte er weniger Gewicht. In *Trafic* sollte die weibliche Hauptrolle eine aggressivere und stärkere Persönlichkeit ausfüllen. Unglücklicherweise aber wird Hulot durch die problematischen Aktivitäten Marias bisweilen glatt an die Wand gespielt. Diese Szenen sind wohl die schwächsten des Films.
Andere Szenen sind ihm jedoch wesentlich besser geglückt. Als dem Lastwagen das Benzin ausgeht, macht sich Hulot entlang der endlosen Autobahn auf die Suche nach einer Tankstelle. Auf der anderen Seite kommt ihm ein junger Mann entgegen, eben-

falls mit einem leeren Kanister. Beide bleiben stehen und starren sich über die Straße hinweg an. Plötzlich dreht sich der junge Mann um und läuft über einen Acker auf ein nahegelegenes Dorf zu. Hulot beginnt ihn zu verfolgen. Der andere hält einen Moment an, sieht sich um, doch Hulot ändert schnell die Richtung, um nicht den Eindruck zu erwecken, er verfolge ihn. Als der Mann dann wieder auf das Dorf zuläuft, nimmt Hulot die Verfolgung unverzüglich wieder auf. Die beiden geben vor, sich zu ignorieren. Sie sprechen auch dann nicht miteinander, als sie gemeinsam an der Zapfsäule stehen. Es ist völlig unerfindlich, war-

Hulot macht sich entlang der endlosen Autobahn auf die Suche nach einer Tankstelle

um die beiden so hektisch durch die Gegend laufen und wieso Hulot vorgibt, er folge dem anderen nicht. Aus einem einfachen Problem wird so eine amüsante und ganz verwickelte Situation. In Tatis Filmen wimmelt es nicht gerade von Personen, die verrückt sind, doch von solchen, die durch etwas seltsame Angewohnheiten oder Gesten auffallen. Entnervt scheucht Maria die Leute herum, redet pausenlos auf sie ein. Sie kann nicht einen Moment Ruhe geben. In jeder Szene erscheint sie mit einem anderen tollen Kleid, in das sie in Windeseile geschlüpft ist. Der Automechaniker wiederum läßt sich bei seiner Arbeit nicht aus der Ruhe bringen. Lässig kickt er alle Gegenstände beiseite, die ihm in der Werkstatt im Weg liegen. Ein älterer Angestellter der Autofirma trägt jedesmal einen sportlichen Mantel auf einem Kleiderbügel vorbei, was sein Erkennungszeichen ist, so wie auch andere Personen ihre Marotten haben.

In *Playtime* spielt die Architektur eine Hauptrolle, so wie in *Trafic* die Vielzahl der unterschiedlichen Automobile. Charakteristischerweise belebt Tati tote Objekte, während er es seinen Personen überläßt, sich durchzuschlagen. Dazu schrieb James Monaco: »Die Autos und Lastwagen in *Trafic* haben menschliche Züge, eine Physiognomie. Die Geräusche, die sie von sich geben, sind verständlich; man weiß also, ob sie müde, hungrig oder glücklich sind.«[98]

Dieser Film präsentiert das Panorama einer Welt, die für das Auto geschaffen ist und von diesem bevölkert wird. In vielen Sequenzen scheinen die Menschen auf eine zweitrangige Position verwiesen zu sein. In der zentralen Szene kommt es zu einem sorgfältig ausgeklügelten Verkehrsunfall, in den ein gutes Dutzend Autos verwickelt ist. Jedes von ihnen saust auf ganz eigene Weise ins Unglück und wird dabei demoliert. Die Bewegungen, die die verbeulten Autos machen, und die Geräusche, die sie dabei von sich geben, sind ganz individuell. Dem Autounfall kommt eine ähnliche Bedeutung zu wie der Nachtclubszene in *Playtime*. Beide Szenen steigern sich in ihrem Verlauf. In *Playtime* laufen verschiedene Motive zusammen, während in *Trafic* von der Unfallszene alle nachfolgende Handlung ausgeht. Diese Szenen verkörpern die Essenz des Films in ihrer komplizierten Choreographie.

Zu der Karambolage kommt es, weil ein Polizist auf einer Kreuzung wild mit den Händen gestikuliert und sich dabei im Kreis

Die Karambolage: Ein Citroën rutscht mit der Schnauze über die Straße, wobei das Heck hoch in die Luft ragt

dreht. Die Autos brausen mit Karacho auf die Kreuzung, wobei jedes auf eigene Weise ins Schleudern und Rutschen kommt, um dann mit einem anderen zusammenzustoßen oder zu Bruch zu gehen. Die Autos erleiden ein immer bizarreres Schicksal, was sehr komisch ist. Ein Citroën rutscht mit der Schnauze über die Straße, wobei das Heck hoch in die Luft ragt. Ein kleiner Wagen kommt endlich zum Stehen, nachdem er sich wie eine Schallplatte mehrmals um seine Achse gedreht hat. Von einem Volkswagen hat sich ein Reifen gelöst und rollt vor dem Auto her. Der VW holpert über eine unebene Wiese und versucht ihn wieder einzufangen, wobei seine Kühlerhaube wie ein Riesenmaul auf- und zugeht. Da springt der Reifen plötzlich in die Höhe und lan-

det genau unter der Haube des Volkswagens, was aussieht, als werde eine Fliege von einem dicken Frosch verschlungen. Die Kühlerhaube klappt zu, der VW ist zufrieden. Hatte diese Sequenz mit einer kleinen Aktion angefangen – als der Polizist beginnt, sich in seiner Verwirrung wie ein Kreisel zu drehen –, dann steigerte sie sich in einer Reihe großangelegter Stunts, um schließlich mit dem Zuschnappen der Kühlerhaube zu enden.
Die Folgen des Unfalls sind ebenfalls sorgfältig ausgedacht. Die Autofahrer klettern ganz langsam und mit schmerzverzerrten Gesichtern aus ihren zerbeulten Autos. Vorsichtig prüfen sie ihre Glieder, beugen sich, recken und strecken ihre strapazierten Muskeln. Es folgt eine für Tati typische Transposition: Plötzlich stehen die Autofahrer in einer Reihe und machen gemeinsam gymnastische Übungen. Im Gelände ringsum liegen alle möglichen Autoteile verstreut, hier ein Scheinwerfer, dort eine Stoßstange. Die Autofahrer durchstreifen suchend die Umgebung, den Blick immer auf den Boden geheftet. Es sieht aus wie ein geheimnisvolles Ritual, das da praktiziert wird, als handele es sich um Ostereiersuchen. Tati versucht hier die Aktion gleichzeitig im Vorder- und im Hintergrund ablaufen zu lassen. Ein Geistlicher kniet vor der offenen Motorhaube seines Autos und untersucht einige Teile des kaputten Motors. Wie ein Priester, der vor dem Auto wie vor einem Altar kniet und die Kommunion erteilt,

hält er jedes Teil in die Höhe, um es genauer anzusehen. Aus dem Hintergrund nähert sich ein kleines Auto dem Unfallort. Es scheint zu zögern, als es die zerbeulten Blechhaufen bemerkt. Das Auto macht einen Bogen, kommt von der Straße ab und landet schließlich im Wald. Die ganze Zeit über war das Gesicht des Autofahrers nicht zu sehen, allerdings werden Angst und Verwirrung durch das überaus menschliche Verhalten des Autos ausgedrückt.
Hulot eilt gleich dem verunglückten Wagen zu Hilfe. Sein Fahrer hat sich am Knie verletzt und kann nur mit Mühe gehen. Hulot ist ganz verwirrt und läuft zur Straße zurück, um Hilfe zu holen. Er demonstriert einem anderen Autofahrer, wie der Verletzte humpelt, indem er ihm pantomimisch die mißliche Lage deutlich macht. Er humpelt auch dann noch, als er wieder zurück zu dem Verletzten geht. Es dauert eine Weile, bis er merkt, daß ihm selber ja gar nichts fehlt. Schließlich kümmert sich Hulot um den verletzten Mann und schafft das demolierte Campingauto in die Werkstatt.
Es ist durchaus vorstellbar, daß Tati die Gags für diese Sequenz zuerst ausgearbeitet hat, um dann den Film zu machen. Der Aufbau von *Trafic* ist geradliniger als der früherer Filme. Er handelt eigentlich nur von der Fahrt nach Amsterdam. Hin und wieder aber schweift Tati vom Thema ab. Von Maria einmal abgesehen,

hat es niemand im Film eilig, um rechtzeitig zur Automobilausstellung zu kommen. Während der Fahrt dorthin passiert so viel Aufregendes, daß Hulot und seine Gefährten bisweilen das Ziel völlig aus den Augen verlieren. Hulot schlendert, während sie auf die Reparatur des Wagens warten, in der Abenddämmerung an einem kleinen Fluß entlang. Einige junge Leute sitzen am Ufer und lauschen den Klängen einer Gitarre. Am nächsten Tag sitzt die Reisegesellschaft gemütlich mit dem Automechaniker beim Picknick. Schließlich werden sie von Maria aufgescheucht, die ungeduldig verlangt, daß der Camper endlich repariert wird. Tati verläßt hin und wieder die Personen, z. B. dann, wenn er die weißen vorbeisausenden Fahrbahnmarkierungen der Autobahn filmt und dies mit Jazzmusik von Charles Dumont unterlegt. Unterbrochene Linien werden von Schlagzeugsynkopen begleitet, während durchgehende Linien mit einem ausgehaltenen Orgelakkord unterlegt werden. Hier wird erstmals bei Tati die Handlung direkt mit dem Takt der Musik (oder umgekehrt) in Einklang gebracht. Mit beinahe kindlicher Faszination zeigt er, wie sich die Straßenmarkierungen in den chromblinkenden Stoßstangen und den glänzenden Kotflügeln der fahrenden Autos verzerrt spiegeln. Das Tempo der vorbeihuschenden Markierungen und die Musik sollen deutlich machen, wie dringlich es ist, daß der Transport endlich in Amsterdam anlangt. Eine andere Szene steht mit der eigentlichen Handlung in keinem unmittelbaren Zusammenhang: der Blick auf die verregneten Straßen Amsterdams. Zwei Frauen sitzen in ihrem Auto und reden unablässig aufeinander ein. Abhängig davon, wer gerade spricht, wischt der Scheibenwischer mal auf die eine, mal auf die andere Seite. In einem Jeep hockt ein Hippie und hört Heavy Rock. Die Wischer gehen in ganz unregelmäßigem Rhythmus hin und her. Ein alter Mann kauert hinter dem Steuer, und die Wischblätter quietschen quälend langsam über die Scheibe. Abschweifungen und Nebensächliches scheinen ein Hauptmerkmal von Tatis Filmen zu sein. Die Filme beziehen ihren Reiz weniger aus Handlungssequenzen als aus Beobachtungen.

Transpositionen tauchen in *Trafic* besonders häufig auf. Einmal blickt man von oben auf die Autos der Ausstellung. Eine Reihe glühender Autofanatiker schart sich um einen Wagen und beugt sich unter dessen Kühlerhaube. Man hat den Eindruck, als werde die ganze Gruppe von einem blechernen Ungeheuer in seinem riesigen Rachen verschlungen. Die Verwandlung des Campingmobils in eine Raumkapsel, die Maria dem Polizisten vorführt, ist ein weiteres Beispiel. Als einer der leitenden Angestellten von Altra die Ausstellungshalle betritt, wird er zufällig von zwei Arbeitern begleitet, die jeder eine große Zimmerpalme tragen, was der einfachen Handlung den Charakter einer weihevollen Prozession verleiht: der König mit seinem Gefolge. Diese Szenen sind vor allem deshalb so komisch, weil keiner der Beteiligten registriert, was passiert.

Nach dem Unfall bringt Hulot den Verletzten nach Hause. Um dessen Frau aufzuwecken, wirft er vergeblich einige Kieselsteine an ihr Fenster. Tati läßt sich jetzt keinen billigen Gag einfallen,

Nach dem Unfall bringt Hulot einen Verletzten nach Hause

indem er die Fensterscheibe zu Bruch gehen ließe. Hulot versucht vielmehr, über die efeuberankte Hauswand zu dem Fenster zu klettern. Diese Umständlichkeit ist typisch für ihn, da ihm nicht einfällt, nach der Frau zu rufen oder an die Haustür zu klopfen. So aber bringt er es fertig, den Efeu herunterzureißen. Schließlich erscheint die Frau an der Tür und bringt ihren Mann ins Haus. Hulot weiß, was sich gehört: Er muß den angerichteten Schaden wiedergutmachen und den Efeu wieder an der Hauswand befestigen. Dafür steigt er auf einen Baum, der direkt beim Haus steht, und rutscht auf einem Ast hinaus, um von dort aus den Efeu wieder in die Höhe zu zerren. Da verliert er sein ohnehin schwankendes Gleichgewicht, rutscht ab und schaukelt, mit dem Kopf nach unten, stumm wie ein Faultier in der Dunkelheit. Währenddessen erscheinen Maria und ein Verehrer auf dem Hof. Sie bemerken Hulot nicht, und auch er zieht es, wie ein Kind, das etwas angestellt hat, vor, lieber in seiner lächerlichen Position zu verharren, als entdeckt zu werden. Erst durch eine Weitwinkelaufnahme wird die ganze Komik erschlossen: Rechts oben im Bild hängt Hulot, links steht Maria mit ihrem Begleiter. Plötzlich hört man, daß Münzen klimpernd zu Boden fallen. Hulots Kleingeld ist aus der Hosentasche gerutscht, gefolgt vom Inhalt seiner Brieftasche.

Trafic zeigt einen Hulot, der stärker in die Gesellschaft integriert ist, selbst wenn er hin und wieder nicht so recht bemerkt, was er gerade tut. Er blickt oft in die falsche Richtung, wenn er auf der Bildfläche erscheint. Maria entdeckt ihren ›toten‹ Hund vor der Werkstatt und stößt einen schmerzerfüllten Schrei aus. Hulot läuft sogleich nach draußen, blickt aber in die falsche Richtung, bevor er bemerkt, daß Maria hinter ihm steht. Als die holländische Polizei das Campingauto durchsucht, geht Hulot, ganz in Gedanken versunken, zum Büro des Sergeanten. Ohne sich bewußt zu sein, was er gerade tut, geht er durch die Tür in das Bürozimmer, wendet sich langsam um und bemerkt dann erst die Tür, durch die er gerade gekommen ist. Im Glauben, vor der Tür des Büros zu sein, macht er kühn einen Schritt vorwärts – um damit wieder draußen zu stehen. Für Hulot setzt sich die Welt nur aus den Realitätssplittern zusammen, die er wahrnimmt.

Wie in den meisten Filmen Tatis erstreckt sich auch hier die Handlung über einen Zeitraum von mehreren Tagen. Tati hat einige Mühe, den Zeitverlauf filmisch darzustellen. Immerhin verbringt Hulot mit seinen Leuten zwei Nächte und einen Tag in der Werkstatt auf dem Land. Tati aber verdichtet und montiert die Szenen so, daß es schwierig wird, zu beurteilen, wieviel Zeit eigentlich verstrichen ist. Dadurch verliert man zeitlich die Orientierung und weiß nicht mehr, wie lange die Leute eigentlich unterwegs sind. Tati gibt keinen Hinweis darauf, wie nah oder fern Hulot seinem Ziel ist. Das Ende des Films kommt daher viel zu plötzlich; man ist überhaupt nicht vorbereitet.

Tatis immer wiederkehrende Motive, Mensch gegen Natur, Natur gegen Technik und Sanftheit gegen Rücksichtslosigkeit, werden auch in *Trafic* an den Personen und den Drehorten deutlich gemacht. Maria ist im Gegensatz zu Hulot stark automobilorientiert. Sie hat für niemanden und nichts Zeit, was ihr, um ans Ziel zu kommen, nicht nützlich ist. Hulot läßt sich aufhalten – mal durch dieses, mal durch jenes. Maria rast durch den holländischen Zoll, ohne anzuhalten. Sie kommandiert die Polizisten herum, als diese das Auto filzen, und fährt, nachdem alle wieder freigelassen wurden, so schnell davon, daß sie den großen Verkehrsunfall, den Höhepunkt des Films, verursacht. Hulot wird von Maria mehr oder weniger mitgezogen. Er trödelt gerne herum, schätzt es, mit Freunden zusammen gemütlich zu speisen und abends am Fluß entlangzubummeln. Tati ist nicht daran interessiert, Konflikte zwischen Personen zu zeigen. Daher bleiben auch Hulot und Maria während des ganzen Films Fremde.

Tati hat seine Drehorte sorgfältig ausgesucht. Aufnahmen vom Land und der Stadt (hier durch die Automobilausstellung symbolisiert) stehen nebeneinander und sind Beispiele gegensätzlicher Kräfte. Marschmusik aus dem Lautsprecher kontrastiert mit den natürlichen Geräuschen der Landschaft, durch die Hulot mit seiner Gruppe fährt. Einmal wird der Wechsel von der Stadt zum Land dadurch deutlich, daß Hulot von der Autobahn zum nächsten Dorf läuft. Das Brüllen der Automotoren blendet dann über in das harmlose Gebell eines Hundes irgendwo in der Ferne. Durch derlei Gegenüberstellungen schafft Tati eine besonders starke dramatische Struktur. Als die Reisenden endlich in Amsterdam ankommen, ist es zu spät. Der Autosalon hat soeben seine Pforten geschlossen. Hulot wird auf der Stelle von seinem wütenden Chef gefeuert. Er streicht noch ein wenig in den verlassenen Ausstellungshallen herum, während sich draußen Marcel bemüht, das Campingauto den Vorübergehenden vorzuführen. Hulot spannt seinen stets griffbereiten Regenschirm auf und geht hinaus in den Regen. Dieses Ende hat man mehr oder weniger von ihm erwartet. Ein Mann seines Schlages wird immer mit denen Schwierigkeiten haben, die mit den Regeln der Gesellschaft konform gehen. Er steigt die Treppen zu einer U-Bahn-Station genau in dem Moment hinunter, als ein Schwall von Leuten, alle mit Regenschirmen, gerade heraufkommt. Sein Schirm bleibt in der Masse der anderen hängen und wird mit nach oben getragen. Hulot hastet hinterher, um ihn wieder einzufangen, und läuft Maria direkt in die Arme, die ihn tröstet.

Soviel Zartgefühl zum Schluß wirkt gezwungen, selbst wenn Tati gegen Ende des Films Held und Heldin zusammenbringt, was ja öfter in seinen Filmen der Fall ist. Maria, die doch überaus Geschäftstüchtige, in der Rolle der Tröstenden, wirkt unrealistisch. Vermutlich ist sie viel moderner als die Frauen in den früheren Filmen, um so bedauerlicher, daß Tati gegen Ende doch noch versucht, sie in eine seiner vorbereiteten Formen zu pressen.

Als beide dann durch den Regen gehen, sieht man einen riesigen Verkehrsstau. Durch einen Zoom bekommt man nach und nach immer mehr Autos zu sehen, die nicht mehr weiterfahren können. Die Fahrer sind ausgestiegen, um einen Weg durch die Unzahl der abgestellten Fahrzeuge zu finden. Die kleinen aufgespannten Regenschirme wirken wie Flecken, die sich auf dem glänzenden, regennassen Hintergrund der Autos bewegen.

R. C. Dale schrieb, Tati habe mit *Trafic* seinen bislang schwächsten Film gemacht.[99] Im Vergleich, fuhr er fort, sei *Playtime* nicht nur Tatis bester Film, sondern auch einer der besten der sechziger Jahre. Dale stimmte auch mit anderen Kritikern darin überein, daß in dem Film die Handlung nicht so recht vorwärtskomme, daß er keinen eigenen Rhythmus entwickle. Weiter wurde konstatiert, daß Tatis Figuren keine interessanten Verhältnisse untereinander eingingen. Dale hatte den Eindruck, daß *Trafic* in großer Eile gemacht worden sei.

Der Film wurde in Amerika begierig aufgenommen, allerdings gingen die Zuschauerzahlen im Vergleich zu früheren Filmen zurück. Er bekam nicht eine ähnlich große Anhängerschaft wie *Die Ferien des M. Hulot* oder *Mein Onkel*. Trotz des schleppenden Tempos und einiger allzu durchsichtiger Gags ist *Trafic* unterhaltsam, manchmal tiefgründig.

Tatis Filme als Antwort auf die neue Welt

Tati hat unsere eingefahrenen Wahrnehmungsmuster ebenso aufs Korn genommen wie den Zustand der Welt. Hulot mag im Bild sein oder nicht, sein erstaunter und sachlicher Blick bleibt präsent. Man muß ein bißchen so verrückt sein wie er, um die gesellschaftlichen Regeln mit dieser ungewohnten Objektivität unter die Lupe nehmen zu können. Wer wenig fragt und die gesellschaftlichen Mechanismen akzeptiert, kann so tun, als wäre alles in Ordnung. Deshalb erlaubt sich kaum jemand Hulots Ehrlichkeit, damit diese Seifenblase nicht zerplatzt.
Tatis satirische Beschreibung des modernen Lebens hat stets einen optimistischen Unterton. Er zeigt zwar die Schwächen der Gesellschaft auf, was durchaus pessimistisch stimmen könnte, hat aber dabei immer Verständnis für seine Personen. Sie sind für ihn alle Opfer einer Gesellschaft, der die Werte verlorengegangen sind. Ihm ist es gleichgültig, ob jemand die gesellschaftlichen Regeln aufstellt oder ihnen ausgeliefert ist. Die etablierten Arpels werden mit der gleichen Sympathie behandelt wie Hulot. Im Gegensatz zu Chaplin verzichtet Tati auf jedes Pathos. Das Publikum soll seine Hauptfigur nicht bedauern oder deren Widersacher hassen. Hulots Gegner sitzen nicht in den Autos oder bewohnen die Wolkenkratzer, das System selbst ist der Feind. Jeder ist auf eine Weise Opfer und muß, um reibungslos zu funktionieren, Kompromisse eingehen. Hulot allerdings verweigert sich.
Er ist exzentrisch, weil er aus dem Rahmen fällt. Selbst als er in *Trafic* für eine Autofirma arbeitet, tut er das relativ unbeteiligt. Als er schließlich gefeuert wird, setzt er sich nicht zur Wehr, sondern geht einfach. Er zeigt keinerlei Bedauern, und gewiß entspricht diese Reaktion seinen Gefühlen. Er kennt keine Bitterkeit.
Die Welt um ihn herum fällt in Stücke, während er unbeirrt seinen Weg geht. Daß die meisten Probleme unnötig sind, berührt ihn dabei kaum. Er nimmt die Dinge, wie sie kommen, und erwartet nichts Besonderes. Deshalb ist Hulot stets auf das Schlimmste gefaßt. Oft ist ihm so übel mitgespielt worden, daß er überall Fallen wittert. Aber der ungebrochene Wille, doch immer wieder mitzumachen, erhält ihm seinen Optimismus.

Er glaubt nicht daran, daß sich etwas zum Besseren wenden könnte. Allerdings sollte man versuchen, das Leben in dieser besten aller Welten soweit wie möglich zu genießen. Mit satirischem Blick beschreibt er die Gesellschaft, aber er ruft nicht zum politischen Umsturz auf. Spricht er von seinen anarchistischen Tendenzen, meint er damit eine Revolutionierung des menschlichen Denkens. Hulots Rebellion gegen die Ordnung der Dinge ist zufällig, unbeabsichtigt und unmittelbarer Ausdruck seiner Individualität. Wird er sich seiner Außenseiterrolle bewußt, möchte er sich nur zu gerne in jene Welt einfügen, die das Absurde der Konformität so deutlich macht. Hulots natürliche und unverbildete Reaktionen rufen, wie bei einem Kind, Erinnerungen an längst vergessene Verhaltensweisen wach. Tatis Blick wurde geschärft durch die Beobachtung unserer Umwelt, die von einer inhumanen Architektur, einem unsinnigen Verkehrssystem und nutzlosen technischen Einrichtungen bestimmt ist. Daraus ist der Stoff seiner Komödien gemacht. Penelope Gilliatt schreibt, »kein anderer Regisseur hat die leise Stimme der Mitmenschlichkeit so wirkungsvoll gegen die kaltblütige Herrschaft des modernen Menschen gesetzt«.[100]

Die Arpels in *Mein Onkel* sind selbst Opfer ihres überorganisierten Lebens, Hulot und der kleine Gérard repräsentieren »die Stimme der Menschlichkeit«. Hulot trägt einen kleinen Sieg für ein menschlicheres Leben davon, denn wenigstens gegen Ende des Films ist der Kontakt zwischen Arpel und seinem Sohn enger geworden.

Das unverwechselbarste Erkennungszeichen einer Epoche ist ihre Architektur. In unserer Zeit trennen Architektur und Design die Menschen voneinander. In Tatis *Playtime* finden die Personen erst zusammen, als der Royal Garden Nachtclub am Ende zerstört wird. Im kalten, unpersönlichen Paris Tatis können die Leute nicht ihre natürlichen Bedürfnisse ausleben. Nach R. C. Dale begreift Tati die moderne Stadt, »als eine Ansammlung von Gebäuden, die für ihre Bewohner zu groß und von Maschinen beherrscht sind, mit denen sie zwangsläufig in Konflikt geraten müssen«.[101]

Dale betont Tatis optimistische Perspektive, die sich von Fritz Langs pessimistischer Beschreibung der modernen Welt, die er in großartigen filmischen Visionen schilderte, unterscheidet.

Der Campingwagen in *Trafic* hat offenbar die gleiche Funktion

›Mein Onkel‹: Die Arpels sind Opfer ihres überorganisierten Lebens

wie der einstürzende Royal Garden Nachtclub. Beide haben auf ihre Weise zwischenmenschliche Beziehungen verhindert. Erst nachdem der ausgeklügelte Campingbus zu Bruch gegangen ist, finden alle Leute zueinander. Tati stellt das Chaos als den menschlicheren und natürlicheren Zustand über die kalte logische Ordnung.

Er hat begriffen, daß die Menschen das Ergebnis der Welt sind, in der sie leben. Ihre Architektur, das Verkehrssystem und der Lebensrhythmus prägen die Persönlichkeitsstruktur. Isolation wird durch die Form des Wohnens und die Vorherrschaft des Automobils als Transportmittel begünstigt. Wer hat noch Zeit für simple zwischenmenschliche Beziehungen, wenn die kleinste Bummelei nicht mehr erlaubt ist? Tati weiß, daß die Verbindung

zwischen den Menschen in dem Maße abnimmt, in dem sie sich von ihren ursprünglichen Bedürfnissen entfernt. Natürliche menschliche Triebe werden einem gnadenlosen Effizienzdenken untergeordnet. Die Leute können ihre eigene Lebenswelt nicht mehr kontrollieren, weil sie zugelassen haben, daß die Mechanismen immer komplizierter und undurchschaubarer wurden. Personen, die in der Lage und willens sind, die Apparate, die ihnen zur Verfügung stehen, selbst zu reparieren, zeichnet der Regisseur mit Sorgfalt und Sympathie. Sie sind noch relativ autonom gegenüber der Technik, wie z. B. der Mechaniker in *Trafic*, der die Delle an dem Campingbus ausbeult und stolz erzählt, er repariere alles. »Ich stehe auf der Seite des kleinen Mannes«, meint dazu Tati, »der von seiner eigenen Hände Arbeit lebt.«[102]
Tatis absurde Welt basiert auf der unterschwelligen Prämisse, daß wir alle Bauern in einem universalen Schachspiel sind, das Narren spielen. Daß die meisten dieses Spiel gedankenlos mitmachen, ist Grund genug für seine filmischen Satiren. Sie werfen die Frage auf, wer eigentlich an den Schalthebeln der Macht sitzt, und was getan werden kann, um ihnen die Kontrolle aus den Händen zu nehmen. Tati gibt nicht vor, die Antwort zu kennen. Aber er hat die Beobachtung gemacht, daß »wir der Mächtigen überdrüssiger werden, je öfter wir sie sehen. Mit jeder Fernsehansprache machen sie sich ein Stück lächerlicher.«[103]
Für ihn besteht die Welt nicht aus Opfern, sondern aus Tätern, wobei er eingestehen muß, die wirklichen Übeltäter nicht benennen zu können. Denn sie lassen sich nicht dingfest machen. Selbst Arpel, den Besitzer einer Plastikwarenfabrik, stellt er sympathisch dar. Tati will nicht über seine Figuren urteilen, sondern möchte mit seinen Filmen »die Menschen lächeln machen und ihnen die Freiheit der Wahl lassen«.[104]
Hulot widersetzt sich beispielhaft der heimtückischen Programmierung durch die Technik. Er zeigt, daß Unabhängigkeit möglich ist, wobei ihm offene Rebellion gegen gesellschaftliche Strukturen weniger notwendig zu sein scheint als das Bewahren der eigenen Identität. Der Anpassungsdruck ist groß. Wenn die gesellschaftliche Vorstellung von Vielfalt sich in der Produktion von gleichförmigen Automobilen ausdrückt, dann muß das Insistieren auf Individualität notwendig zu Konflikten führen. Deshalb hat Hulot eine stoische Haltung gegenüber den Steinen entwickelt, die ihm das Leben in seinen exzentrischen Weg legt.

Tatis Filme als Spiegel der alten Welt

Hulots eigenwilliger Blick auf die heutigen Verhältnisse ist von Wertvorstellungen der alten Welt geprägt. Der typische Stil, das Tempo und die inhaltlichen Aussagen von Tatis Filmen enthüllen nicht nur Neigungen für einen tradierten Lebensstil, sondern auch für eine Form des Filmemachens, die einer längst vergangenen Zeit angehört. Deshalb lassen sie sich kaum einordnen. Aber durch Tatis Blick, der auf die Vergangenheit gerichtet ist, gewinnen wir eine objektivere Sicht auf die heutigen Verhältnisse.
Der zerknautschte Mantel, das freche Hütchen, die lange Pfeife und der unvermeidliche Schirm unterscheiden Hulot von dem modern Gekleideten. Der Schirm ist Ersatz für den Spazierstock und Reminiszenz an eine Zeit, in der die Garderobe eines Mannes ohne Stock nicht komplett war. Hut und Mantel verleihen Hulot eine längst überholte, leicht zerknitterte Eleganz.
Alle Attribute und Gegenstände, die nicht mehr nützlich oder absolut notwendig sind, geraten in Vergessenheit. Das Vergnügen an einfachen Dingen (sich kleiden, einen Abendspaziergang machen, mit Freunden gemütlich beim Essen sitzen) haben fast alle außer Hulot verloren. Unübersehbar stammt er aus einer anderen Zeit. Er bestimmt das Tempo seines Lebens, ist entweder schneller oder langsamer als seine Umgebung.
In *Die Ferien des M. Hulot* eilt er unbeirrbar von einer Aktivität zur anderen, und seine Umgebung schaut fassungslos zu. In Tatis *Playtime* dagegen bewegt sich der verwirrte und überwältigte Hulot langsamer als die quirlige Masse auf der Straße. Selbst in der modernen Welt von *Mein Onkel* mit ihren lackierten Autos und automatischen Garagentoren fährt Hulot Mofa.
Ältere Werte können sich selten durchsetzen. Die ruhigen, schönen Momente in *Trafic* werden jäh von dem ungeduldigen Auftreten Marias unterbrochen. Nur für den Moment einer kurz geöffneten Tür ist ein Blick auf das ›alte‹ Paris erlaubt. Diese Augenblicke sind selten und kostbar und kontrastieren zu den Ausblicken auf das moderne Leben und verstärken das Gefühl der Unvereinbarkeit zwischen alt und neu, wie einige Szenen aus *Mein Onkel* zeigen, die weit mehr als Momentaufnahmen aus der alten Welt und Paris sind.

Sie bilden ein Gegengewicht zu dem etablierten, modernen Lebensstil der Arpels. Aber die Idylle des alten Viertels, überschattet von den Bildern der Eingangssequenz mit Räumungsfahrzeugen und Planierraupen, ist bedroht. Eine brillante Sequenz in Tatis *Playtime* zeigt nicht nur ein liebenswertes vergangenes Lebensgefühl, sondern auch, was der moderne Mensch in es hineinliest: Eine alte Blumenverkäuferin läuft durch das gläserne und stählerne moderne Paris. Touristen auf Motivsuche für ihre Kameras umringen sie, um ein Bild vom Paris ihrer Träume einzufangen. Weil aber die Blumenverkäuferin völlig deplaziert ist, kann sie niemand ohne störende Details fotografieren.
Tatis weibliche Figuren sind das Produkt einer ungewöhnlichen, altmodischen Empfindsamkeit. Mit Ausnahme Marias aus *Trafic* sind alle jung, schön und von stiller Bescheidenheit. Hulots Verhältnis zu seinen Hauptpersonen ist stets ein wenig distanziert und äußerst korrekt. Unlautere Absichten kann man ihm nicht im entferntesten unterstellen. Es gibt keine Romanzen in seinen Filmen, nur unschuldige Gefühle. Hulots Zuneigung zu der Tochter des Hausbesitzers in *Mein Onkel* wird bei ihren Begegnungen mit einem zarten Nasenstüber ausgedrückt. Die kleinen Geschenke für Barbara in Tatis *Playtime* oder die schüchternen Annäherungsversuche an Martine in *Die Ferien des M. Hulot* sind angemessener Ausdruck für Hulots Umgang mit Frauen. Aus seiner Sicht behandelt man sie vorsichtig und respektvoll, als seien sie etwas Besonderes. Wenn Hulot am Ende von *Trafic* Arm in Arm mit Maria aufbricht, ist das der zärtlichste Ausdruck eines ungebrochenen, altmodischen Respekts vor Frauen.
Tatis Œuvre zeigt die alte Welt in verklärtem Optimismus. Oberflächlichen und vorschnellen Sarkasmus in der Schilderung der gesellschaftlichen Verhältnisse verwandelt er in temperierte Satire. Tatis unübersehbare Sentimentalität ist alles andere als unangenehm, sie stellt ein Gegengewicht zu seinem tiefen, intensiven Humor dar. R. C. Dale nannte Tati einen »Optimisten« und einen »ziemlich beherrschten Sentimentalisten«[105], der uns zeigt, was ihn bewegt, ohne überdeutlich zu werden.
Sein Respekt vor den tradierten Werten offenbart sich nicht nur an den inhaltlichen Aspekten der Filme, sondern auch an ihren strukturellen. Ebenso wie Hulot in *Trafic* auf seiner Fahrt nach Amsterdam ziellos durch die Gegend treibt, ergeht sich Tati in

der nichtlinearen Erzählweise seiner Filme. Wie man an ein Ziel kommt, ist ihm genauso wichtig wie das Ziel selbst. Seine Filme bestehen aus Haupt- und Nebenhandlungen, in denen ebensoviel Wahrheit steckt wie in der Aussage des Films insgesamt. Innerhalb dieses Rahmens verleihen die auf Körpersprache und -kraft basierende Komödie und das Prinzip des ›Gags um des Gags willen‹ Tatis Werk die frivole und unprätentiöse Qualität vieler Stummfilmkomödien. Dazu trägt auch die spezifische Verwendung von Musik und Geräuschen anstelle von Dialogen bei. Penelope Gilliatt schreibt, die Arpels »repräsentieren eine neue Glücksordnung, Hulot dagegen die alte Unordnung«.[106] Der Fil-

›Mein Onkel‹: Hulots Zuneigung zu der Tochter des Hausbesitzers (Betty Schneider) wird mit einem zarten Nasenstüber ausgedrückt

Der alte Stadtteil in ›Mein Onkel‹ belegt unmißverständlich den Verlust des Vertrauten

mer Tati verhilft dieser alten Unordnung durch den spontanen und impulsiven Aufbau seiner Filme zum Ausdruck.

Folgt man der Auffassung Tatis und betrachtet *Playtime* als Endpunkt einer filmischen Entwicklung, wird man feststellen, daß wesentliche Elemente der alten Welt zunehmend verschwinden. Aus der Distanz von Tatis *Playtime* ist das schläfrige Dörfchen aus *Tatis Schützenfest* kaum noch zu sehen. Das Seestädtchen in *Die Ferien des M. Hulot,* das von den Großstädtern überrannt wird, der alte Stadtteil aus *Mein Onkel* und der Wechsel zwischen Natur und Stadt in *Trafic* sind Aspekte, die den Verlust des Vertrauten unmißverständlich belegen. Tatis beharrliche Rückbesinnung auf die alte Ordnung, sei sie auch häufig vage, schärft dennoch das Bewußtsein des Publikums. Dem Untergang der tradierten Werte in Tatis Filmwelt kann man deshalb getrost zusehen, weil sie in der Person Hulots weiterleben werden.

Tatis Welt

André Bazin hat es einmal so formuliert: Wenn Tatis Weltansicht und die Figur des Hulot witzig sind, dann »quasi als Begleiterscheinung seines filmischen Universums oder zwangsläufig im Verhältnis zu dieser Welt«.[107] Damit eine Komödie funktioniert, muß sie eine für ihren Schöpfer und das Publikum glaubwürdige Welt schaffen. Ist der Stil einer Komödie erst etabliert, dann verwirrt und irritiert jeder Bruch. Es ist unmöglich, daß der Darsteller eines Slapsticks sich plötzlich durch einen realistischen Sturz verletzt. Genausowenig können die Personen einer realistischeren Komödie über die akrobatische, fast übernatürliche Beweglichkeit von Slapstick-Charakteren verfügen. Stilbrüche decken hier die Künstlichkeit des Gesamtprodukts auf. Hat der Regisseur erst einmal das implizite Einverständnis der Zuschauer, das Geschehen auf der Leinwand sei real, ist das Abgleiten in eine andere Wirklichkeit Verrat am eigenen Film. Ließe Tati etwa in einem seiner Filme eine Person auftreten, die so deutlich und gewöhnlich viel redete wie im Alltag, wäre damit die Künstlichkeit seiner nahezu sprachlosen Welt bloßgelegt. Deshalb dürfen das gegenseitige Einverständnis gegenüber der Glaubwürdigkeit einer Person und die vorgegebene Distanz zur Realität nicht gestört werden. Tati unterscheidet sich von vielen seiner Kollegen dadurch, daß er ein stimmiges und überzeugendes Universum zu konstruieren vermag. Auch wenn der Zuschauer die zahlreichen Gags längst vergessen hat, bleibt die Erinnerung, kann Tati sich durchaus mit einem Chaplin oder Keaton messen. Jonathan Rosenbaum hat diese Atmosphäre treffend charakterisiert: »Wie alle wirklich großen Komiker schafft Tati sein Universum, bevor er uns zum Lachen bringt. Es ist um seine Person zentriert. Die tollsten Gags funktionieren auch ohne seine physische Präsenz, denn M. Hulot ist lediglich die metaphysische Inkarnation einer Unordnung, die noch lange nach seinem Verschwinden in der Luft liegt.«[108]
Die Autonomie dieser Welt kommt darin zum Ausdruck, daß die Filme über weite Strecken auf Hulots Anwesenheit verzichten können. Aber erst muß ein genau definierter Rahmen hergestellt werden, in dem sich Personen bewegen und Handlungen stattfinden können, damit eine Komödie auch über längere Strecken

mit ganz gewöhnlichen Akteuren auskommt. Der sorgfältige Aufbau von *Die Ferien des M. Hulot* verleiht auch schlichten Gags eine zusätzliche Dimension. Hulots Anwesenheit genügt, um unter den Gästen des Strandhotels ein Gefühl von Angst und Verrücktheit zu verbreiten. Er kommt in seinem Auto die Straße entlanggefahren, begleitet vom lauten Geräusch der Fehlzündungen. Eine Frau, die ihren Hund ausführt, kann das Tier im letzten Moment beiseite reißen. Sie überquert die Straße und verschwindet aus dem Blickfeld. Offscreen sind die quietschenden Bremsen eines anderen Wagens zu hören. Ihr Hündchen auf den Armen, kommt die Frau zurück und läuft außer sich die Straße entlang. Niemand hält es länger neben Hulot aus, ohne auch verrückt zu werden. Fast alle, mit denen er zusammenkommt, reagieren ähnlich. Obwohl ihn die beiden schweigsamen Hotelangestellten nicht so recht mögen, lassen sie sich manchmal von seinen Verrücktheiten anstecken. Fasziniert von Hulot, der vor einem Spiegel Grimassen schneidet, macht einer von ihnen unwillkürlich mit. Erst als er das Bier auf seinem Tablett verschüttet, wird er unsanft in die Realität zurückversetzt. Ein andermal läßt er sich von Hulots Konfusion ablenken, als er den Gruß eines Gastes erwidert, indem er dessen Spiegelbild im Glas der Speisesaaltür zunickt. Der Stoff, aus dem Tatis Komödien gemacht sind, besteht aus diesen merkwürdigen Spinnereien und Verhaltensweisen.

Die leidgeplagten Hotelangestellten aus *Die Ferien des M. Hulot* treten in ähnlichen Rollen in anderen Filmen auf. Der schwerfällige junge Mechaniker, der in *Trafic* kurz und übellaunig auftaucht, verkörpert ein ähnlich negatives Lebensgefühl. Richtige Bösewichter wird man vergeblich suchen. Tati setzt Personen zwar kontrapunktisch ein, auch um mit ihnen Konflikte in die einfache Erzählstruktur einzubauen, aber er zeichnet sie nicht eindimensional, z. B. als Bösewichter. Weder Tati noch das Publikum haben es nötig, einen Schurken zu erledigen. Anders als bei Chaplin oder Keaton beruht Hulots Erfolg auf bescheideneren Siegen. Tati hat immer Verständnis für die Dummheit seiner Personen. Hulots Triumph ist das schlichte Überleben in dieser Welt, die zwar von nichtsnutzigen Menschen bevölkert ist, wie den Arpels und Maria, aber niemand ist von Grund auf schlecht. Darin ähnelt diese filmische Welt in vielem der wirklichen. Und die Erkenntnis, daß es dort keine echten Schurken gibt, legt den

Schluß nahe, daß man auch im täglichen Leben kaum eindeutige Halunken treffen wird. »Der Witz steckt in seinem Realismus. Was ihm Merkwürdiges zustößt, liegt nur zu sehr im Bereich des Möglichen. Jedermann könnte das gleiche passieren. Tati übertreibt selten.«[109] Wie wählt Tati seine Charaktere aus, und was bedeuten sie ihm? »Neulich habe ich die Leute der Restaurantszene aus Tatis *Playtime* wirklich getroffen. Auch die Kellner werden sich in zehn Jahren nicht verändert haben. Der Film wird mit den Jahren besser verstanden werden, weil immer mehr Leute dieses Lebensgefühl nachvollziehen können.«[110]
Es ist charakteristisch für Tati, daß ihn das öffentliche Leben mehr interessiert als das Innenleben einzelner. In seinen Filmen kommen hauptsächlich Menschenmengen oder die Masse vor. Er verweilt selten bei einer Person, das gilt auch für Hulot. Außerdem spielt die Atmosphäre bestimmter Schauplätze eine bedeutende Rolle. Das Haus der Arpels, das kuriose Hôtel de la Plage, der Royal-Garden-Nachtclub und die überfüllten holländischen Autobahnen – sie alle spielen wichtige »Rollen« in Tatis Filmen. Ausstattung und Drehort haben den gleichen Status wie Stars. Sie gewannen in seiner filmischen Entwicklung zunehmend an Bedeutung. Mit dem Ergebnis, wie Roy Armes feststellt, daß »die Übertreibung, sonst unverzichtbarer Bestandteil der Figuren in Komödien, zurückgenommen wird zugunsten einer realistischeren Darstellung des Lebens«.[111]
Weil ihn Orte faszinieren, plante der Regisseur sogar einen Film, der in Einzelepisoden verschiedene Aspekte des Lebens in einer Stadt zeigen und ganz einfach *Stadt* heißen sollte. Protagonisten als Identifikationsangebote tauchen immer seltener auf. Diese demokratische Methode läßt dem Publikum die Entscheidungsfreiheit, welchen Personen oder Handlungen es seine Aufmerksamkeit widmen möchte.
Das unbeseelte Objekt gewinnt zunehmend an Bedeutung in Tatis Welt. Manchmal ist sein Interesse am Charakter eines Automobils größer als an den Menschen. In *Die Ferien des M. Hulot* ist Hulots spuckender Amilcar untrennbar mit seiner Persönlichkeit verknüpft. In der ausgedehnten Eröffnungssequenz wird er ausschließlich über den Charakter seines Autos eingeführt. Die vielen raffinierten technischen Apparaturen im Hause der Arpels verleihen dem Film *Mein Onkel* eine zusätzliche Dimension. Die knarzenden Stühle des Warteraumes in Tatis *Playtime*

›Die Ferien des Monsieur Hulot‹: Hulots spuckender Amilcar ist untrennbar mit seiner Persönlichkeit verknüpft

enthüllen das allzu menschliche Bedürfnis, überall dabeizusein. Tati verweist auf Verhaltensmerkmale von Maschinen, bis an die Grenze der Absurdität. Im Vergleich dazu können die braven und nüchternen Reaktionen der Personen bestenfalls absurd wirken. Schlagartig wird die eigene gedankenlose Anpassung an die Dehumanisierung der Umwelt klar.

Man muß sich nur einmal einige klassische Komödien anschauen, um festzustellen, daß es nicht darauf ankommt, wie realistisch oder phantasievoll sie ihre Filmwelt gestalten. In ihnen soll auch die Persönlichkeit des Komikers aufgehoben sein. Im Vergleich zu allen anderen Personen der Chaplin-Filme war die Figur Chaplins stets differenzierter angelegt – nie fehlten extrem gezeichnete Bösewichter oder Heroinen. Chaplin kam nicht ohne die bedrohliche Gestalt eines übergroßen Eric Campbell oder

der hilflosen, verlorenen Edna Purviance aus. Innerhalb von Tatis Welt hätte Chaplin keinen Platz gehabt. Die Vorstellung, der ungeschickte Hulot müßte sich in Chaplins zutiefst schlechter Welt durchschlagen, erzeugt Schaudern. Der Vergleich mit Keaton liegt näher, denn auch er stattet die leblosen Dinge mit einer Palette von Eigenschaften aus. Wie Tati läßt er die Nebenrollen prinzipiell realistisch spielen. Ebenso Lloyd, der die Dingwelt mit großen Kräften ausstattet und sein außerordentliches Geschick im Umgang mit ihr unter Beweis stellt. Auch seine Personen scheinen aus dem Leben gegriffen zu sein. Keaton und Lloyd nehmen persönliche Eigenschaften ihrer Figuren zurück, um die Dinge sprechen zu lassen. In diesem Punkt stellt Tati sich ganz in die Tradition früher filmischer Konzepte.

Natürlich weiß er, daß seine seltsame und eigene Welt nicht nach jedermanns Geschmack ist, wie aus folgender Bemerkung deutlich wird: »Wer sich nicht darauf einstellen kann, verläßt nach einer Viertelstunde das Kino. Wer die Filme mag und versteht, macht eine ähnliche Erfahrung wie mit impressionistischen Gemälden. Je länger man sich mit ihnen beschäftigt, desto intensiver ist ihre Wirkung – der Ton, die Bewegung, die Personen.«[112]

Hulots Handlungen brauchen einen spezifischen Kontext, um beim Zuschauer entsprechende Erkenntnisprozesse auszulösen. Nur in seiner Welt ist er eine lebendige Figur. Mit ihm hat Tati das Kunststück vollbracht, den wohl einzigen stummen Clown geschaffen zu haben, der nur in seiner eigenen Welt überleben kann.

Tatis Komödienstil

Tati verletzt niemals die Regeln seines sorgfältig aufgebauten Universums, allerdings legt er sie sehr großzügig aus, um äußerste Komik zu erreichen. Vor dem realistischen Hintergrund seiner Filme kann plötzlich ein ausgeklügelt choreographierter Verkehrsstau entstehen oder die überraschend menschliche Reaktion eines Gegenstandes glaubwürdig sein. Tati ist sich der Schranken durchaus bewußt, innerhalb deren er sich geschickt bewegt. Er hat immer noch genug Spielraum, um plötzlich sein Publikum mit einer Aktion oder einer schauspielerischen Einlage zu überraschen. Man nimmt z. B. an, Giffard jage Hulot in Tatis *Playtime,* um dann verblüfft festzustellen, daß es sich um dessen Spiegelbild handelt. Als die Arpels in ihrer Garage festsitzen, ist das eine ganz amüsante Situation, die dann ernst wird, als das Garagentor sich in eine glotzende Fratze verwandelt. Auch die Unfallsequenz in *Trafic* bekommt eine andere Qualität, als die Autos sich plötzlich wie sterbende Tiere verhalten. Selten benehmen sich Personen oder Maschinen unglaubwürdig; nie mutet Tati seinem Publikum Dinge zu, die die physikalischen Gesetze der realen Welt verletzen. Unter den richtigen Verhältnissen wäre jeder seiner phantastischen Einfälle tatsächlich möglich. Den eleganten Fluß und die überraschende Qualität seiner Filme macht das ständige Spiel mit dem gerade noch Erlaubten aus.

In einer ruhigen, aber typischen Szene in *Mein Onkel* sieht man Hulot während der Arbeit in der Kunststoffabrik. Er kauert einen Moment nieder, um den Werkshund zu streicheln. Der Hund steht auf und geht weg. Arpel taucht auf und wundert sich natürlich, daß Hulot auf dem Boden hockt. Selbstverständlich hat der auch keine Erklärung. Die Situation ist äußerst komisch und dabei ganz simpel. Wenn man überhaupt von einem Gag sprechen will, fällt die Vorstellung schwer, er könne in seiner Schlichtheit bei anderen Regisseuren funktionieren. Cauliez schreibt, daß Story, Charaktere, Dekor und Inszenierung Tati weniger bedeuten als eine feingesponnene »komische Disposition«.[113] Tati nutzt das komische Potential in jedem Moment voll aus, manchmal allerdings schießt er über das Ziel hinaus. Seine Filme neigen zum Diskursiven, halten sich bei Details auf und

führen durch plötzlichen Themenwechsel oft von Hulot weg. Indem er sich nicht sklavisch an die Vorschriften eines dramatischen Handlungsaufbaus hält, kann Tati hier und da verweilen. Er entwickelt seine Gags aus den Personen, ohne dafür einen Drehbuchschreiber bemühen zu müssen. Daraus entstand, um einen Begriff Walter Kerrs zu verwenden, eine Reihe von »charmbracelet-films«, in denen die Gags wie Perlen auf einem dünnen Handlungsfaden aneinandergereiht sind. Sie können auch als pikareske Erzählungen begriffen werden. Wie Don Quichotte oder Huckleberry Finn ist Hulot das verbindende Element in der Geschichte. Gerald Masts Definition der pikaresken Figur trifft auf Hulot genau zu. Danach hat der zentrale Charakter die Funktion, »sich zwischen allen Fronten zu bewegen. Er eckt in seiner Komik überall an und zeigt dadurch gesellschaftliche Grenzen auf.«[114]
Im Umgang mit den Erzählstoffen kommt Tatis frühe Varieté-Erfahrung immer wieder zum Vorschein. Seine Bühneninszenierungen basieren stilistisch stärker auf witzigen Gags als auf elaborierter Handlung. Cauliez behauptet, für Tati sei »ein Gag nicht eine Nummer, Sensation oder ein Hors d'œuvre, sondern eine verkürzte Handlung, Film im Film; jedoch kurz und im Verhältnis zum Ganzen wie die Zelle eines Gewebes«.[115]
Gerald Mast würde dieser Beobachtung zustimmen. Er beschreibt Tatis Komödienstil als pikaresk, der gleichzeitig nach einem Wiederholungsprinzip – »Ostinato« – arbeitet. Hier bedeutet der aus der Musik entlehnte Begriff, daß Tati jeden in einer Situation oder mit einem vorgefundenen Objekt möglichen Gag durchspielt, so wenn zum Beispiel in *Die Ferien des M. Hulot* Hulot nacheinander verschiedene Ereignisse zustoßen. So wartet er in Martines Wohnzimmer, um mit ihr auszufahren. Hier wird dieses Prinzip im Zusammenhang mit einem bestimmten Ort angewandt. Die Autoschau in *Trafic* beruht ebenfalls auf genau geplanten »Wiederholungen«. Wie man diese Methode an einem einzigen Objekt durchexerzieren kann, zeigt am besten das vielfältig benutzbare Campingauto. In dieser Technik wird eine weitere Gemeinsamkeit mit den frühen Chaplin-Filmen deutlich. In allen seinen Filmen verfügt Tati über ein ganzes Spektrum von Gags. Einige führen sich über einen Augenblick der Verwirrung ein: Der Zuschauer sieht eine offensichtlich unsinnige Handlung und ist verwirrt, bis er unerwartet begreift, um was es eigentlich

geht. Die turnenden Feriengäste am Strand in *Die Ferien des M. Hulot* verharren unerklärlich lange in der Kniebeuge. Dann enthüllt die Kamera, daß Hulot die Aufmerksamkeit des Sportlehrers ganz auf sich gezogen hat. Der Clou ist einfach – eine verwirrende Handlung hat eine simple Erklärung. Wenn in *Trafic* die Veranstalter der Autoschau Fäden über den Boden der Ausstellungshalle spannen, wird dieser Clou umgedreht. Nicht die mysteriöse und unerklärliche Handlung wird zuerst gezeigt, sondern deren Ursache. Erst erfährt man die Erklärung, dann kommt das rätselhafte Resultat ins Bild: der Storchengang der Offiziellen. Der Witz der Situation ist viel umwerfender als seine Ursache.

Viele dieser Überraschungseffekte lassen sich natürlich nicht mit einigen wenigen, einfachen Einstellungen erzielen. Viele Gags werden überlegt auf ihren Höhepunkt hin aufgebaut. Im Idealfall merkt das der Zuschauer erst, wenn der Höhepunkt erreicht wird.

Stanley Kauffmann vermutet, Tati werde irgendwann ganz darauf verzichten, seine Gags aufzulösen. In der Royal-Garden-Sequenz von Tatis *Playtime* würzen mehrere beflissene Kellner dieselbe Fischplatte auf dem Weg zum Tisch. »Aber inzwischen haben sich die Gäste an einen anderen Tisch gesetzt. Der Fisch wird dorthin gefahren, und wir bekommen nie zu sehen, was der eigentliche Witz ist«[116], stellt Kauffmann mit Bedauern fest.

Einige Szenen enthalten in einer einzigen Einstellung einen Gag. Das sind die simpelsten, und sie beruhen meistens auf der genau kalkulierten Placierung von Personen oder Gegenständen im Bild. Viele kleine Gags in der Automobilschau von *Trafic* zählen dazu. Wie z. B. der Blick aus der Vogelperspektive auf Leute, die sich über eine geöffnete Motorhaube beugen, die wie das geöffnete Maul eines menschenverschlingenden Ungeheuers aussieht. In Tatis *Playtime* steht ein Priester so vor einem Neonschild mit der Aufschrift »Drugstore«, daß das »O« hinter seinem Kopf wie ein Heiligenschein wirkt.

Armes bewundert an Tati vor allem »sein untrügliches Zeitgefühl«.[117] Charakteristisch für Hulot ist sein langsames Wahrnehmungsvermögen, das er mit schneller körperlicher Reaktionsfähigkeit kombiniert. Das Rennen mit den schmelzenden Süßigkeiten in *Die Ferien des M. Hulot* ist komisch, weil das Timing stimmt. Hulot geht erst einmal an den Bonbons vorbei, läßt ei-

nen Moment verstreichen, bis er begriffen hat, was vorgeht, um sich dann blitzschnell umzudrehen und mit einem Satz die klebrige Masse zu retten. In einer anderen, kurzen Sequenz des Films kommt Hulot wieder auf den Hoteleingang zu. Diesmal läßt er sich nicht von den Süßigkeiten ablenken, stößt aber fast mit einem der Angestellten zusammen, vor dem er große Angst hat. Ohne auch nur das Schrittempo zu ändern, dreht er sich behende um und geht in eine andere Richtung davon. In *Mein Onkel* tänzelt Hulot akrobatisch durch die Vorgartenarrangements der Arpels. Seine Anmut wird verstärkt vom präzisen Ablauf seiner Bewegungen. Immer im letzten, genau geplanten Moment kann Hulot die endgültige Katastrophe noch verhindern. Die hinstürzende Fahnenstange in dem frühen Film *Tatis Schützenfest* ist komisch, weil François blitzschnell im Oberstock des Hauses an dem Fenster auftaucht, in das die Stange fällt. Ähnlich wichtige Gags kommen in *Die Ferien des M. Hulot* wieder zum Vorschein: Hulot verschwindet im Hotel und schaut im nächsten Moment aus dem Dachfenster heraus, nachdem er wieder einmal ein Chaos verursacht hatte. Sein rasendes Tempo, zusammen mit seiner unschuldigen Nonchalance, hat eine umwerfende Wirkung. Hulots Gang ist wichtiger Bestandteil seines Charakters. Er geht mit ausholenden, federnden Schritten, das unterscheidet ihn von seiner Umgebung. Beim Nachdenken über eine Situation wackelt er wie ein Huhn mit dem Kopf. Er nickt höflich, quasi als Antwort auf seine eigenen Überlegungen oder um sich selbst zuzustimmen. Ebenso wie für die großen Stummfilmkomiker, besonders Keaton, gelten für Hulot die Gesetze der realen Welt. Zuzusehen, wie er sich mit tänzerischer Eleganz in dieser Welt bewegt und seine schlaksige Gestalt durch ihre Gefahrenzonen manövriert, ist ein optischer Genuß.
Penelope Gilliatt beschrieb als ein Element der Komödie: »Komödie hat immer die Tendenz, Gewohntes in Frage zu stellen. Dort, wo die meisten Leute eine Handlung automatisch zu Ende führen, wird der große Komiker plötzlich innehalten und über ihren Sinn nachdenken. Der löst sich dann oft vor unseren Augen in ein Nichts auf.«[118]
Auch wenn Hulot die Handlungen anderer nicht so ganz versteht, macht er, mit der kindlichen Begeisterung eines Harry Langdon, bereitwillig mit. Der Überschwang, mit dem er Hände schüttelt und artige Diener macht, erinnert an ein Kind, das et-

was für sich entdeckt hat. Gleichzeitig denkt man als Zuschauer mit neuem Abstand über solche Formen nach. Anders als Chaplin hat Hulot selten genug Distanz zu seinem Handeln, um es objektiv betrachten zu können. Er ist ungleich stärker von seinen eigenen Aktivitäten in Anspruch genommen als der verspielte Chaplin. Geräte, deren technische Finessen schon unplausibel wirken, sind für Tati eine Selbstverständlichkeit. Ein Scheuerbesen mit Scheinwerfern, um im Dunkeln putzen zu können, ist natürlich ein Gag, aber nicht unplausibel.

Der Haushaltswarenabteilung in Tatis *Playtime* entspricht die Automobilschau in *Trafic*: an welchem Ort findet man nicht die neuesten technischen Errungenschaften versammelt? Die Tou-

›Mein Onkel‹: Die raffinierten Apparaturen in Madame Arpels hypermoderner Küche sind Beispiele für sinnlosen Perfektionismus

risten in Tatis *Playtime*, unter ihnen der ungläubige Hulot, umringen in Scharen Lebensnotwendiges wie: Türen, die sich lautlos zuknallen lassen, und Damenbrillen mit hochklappbaren Gläsern zum problemlosen Augenschminken. Die raffinierten Apparaturen in Madame Arpels hypermoderner Küche sind Beispiele für sinnlosen Perfektionismus. Doch bereits in *Tatis Schützenfest* umgaben sich die Personen mit neumodischem Schnickschnack. François war so fasziniert von den neuesten technischen Errungenschaften der Post, daß er sich sogar ein Telefon auf die Fahrradlenkstange montieren ließ.

Die meisten Figuren sind den gesellschaftlichen Regeln und Konventionen verhaftet und haben sie verinnerlicht. Madame Arpel in *Mein Onkel* ist dafür ein Paradebeispiel. Andererseits läßt Hulots naiv-erstaunte Reaktion auf eine technisierte Umwelt und ihre Spielregeln plötzlich alles absurd erscheinen. Wer hätte nicht selbst das Bedürfnis, Madame Arpels sterile Raumschiffküche in ein Chaos zu verwandeln. In der Entfremdung von unseren eigenen, ganz natürlichen Bedürfnissen ähneln wir den Arpels. Hulots unverfrorene Natürlichkeit enthüllt den Widersinn so mancher gewohnten Handlung. Er nimmt sich einfach die Zeit, erst einmal ihren Sinn zu ergründen.

Tati verläßt sich in großem Maße auf die Intelligenz und das Wahrnehmungsvermögen seiner Zuschauer. Im Gegensatz zu konventionellen Komödien wird hier die Aufmerksamkeit nicht auf den einzelnen Gag gelenkt, mehrere laufen simultan ab, und der Zuschauer wählt den für ihn interessantesten aus. Die vielen unterschiedlichen Parallelhandlungen im Royal Garden Restaurant sind das beste Beispiel. Die Nachwirkungen der Karambolage in *Trafic* sind von ähnlicher Vielschichtigkeit. Die Hauptaufmerksamkeit mag Hulot gelten, der am oberen Bildrand über den Berg verschwindet, gleichzeitig sind im unteren Teil des Bildes Leute damit beschäftigt, die Autotrümmer zusammenzuklauben. Es steht dem Betrachter frei, sich beliebige Personen oder Szenen aus der überfüllten Totale herauszupicken. Das letzte einsame Auto taucht nur noch in der Ferne auf. Wenn der Wagen plötzlich von der Straße abkommt und zwischen den Bäumen verschwindet, kann man genauso gut einen anderen Vorgang verfolgen.

Tati reicht es, wenn das Publikum lächelt. Heiterkeit über Marotten ist ihm genauso wichtig wie brüllendes Gelächter über ausgeklügelte Gags. Beim Versuch, die Hände freizumachen, um ein Tablett zu tragen, hat einer der sauertöpfischen Hotelangestellten am Ende Hulots Hut auf dem Kopf und seine Pfeife zwischen den Zähnen. Die Situationskomik ist nicht umwerfend, doch die vorübergehende Verwandlung des Angestellten in Hulot amüsiert. Der kalte, starre Blick des amerikanischen Geschäftsmannes auf die beiden Kellner kann als weiteres Beispiel dafür gelten, wie ein persönliches Charakteristikum in seiner Komik ausgeschöpft wird. Später sieht man aus der Vogelperspektive einen kleinen Jungen, auf dem Weg zum Strand, die Straße überqueren. Außerhalb des Bildes taucht eine ganze Bande von Knirpsen auf, die ihm folgen. Der unerwartete Wechsel von der kleinen, einsamen Szene zu dem lärmenden Gewusele ist eine amüsante Überraschung. Wieder einmal hat Tati eine scheinbar eindeutige Situation ganz unerwartet verwandelt. In *Trafic* wird Maria immer von ihrem Hündchen begleitet, das die Szene getreu ein paar Sekunden nach ihr betritt. Es löst jedesmal Heiterkeit aus, wenn es mit schleppender Leine dahergezockelt kommt. In *Playtime* tritt in der Haushaltswarenausstellung kurz eine Figur auf, die genauso wie Hulot gekleidet ist. Wie im Falle des Kellners schmunzelt man schon bei der Vorstellung, Hulot könnte einen Doppelgänger haben. Tati ist sich für den kleinen Humor durchaus nicht zu schade und zeigt damit, daß auch die Nebensächlichkeiten des Lebens ihre komischen Seiten haben. Neben solchen Mini-Gags gibt es ganze Passagen in den Filmen, in denen kaum etwas Komisches passiert. In *Die Ferien des M. Hulot* schlecken ein paar Buben Eis, eine willkommene Erholung in dem brillanten Feuerwerk von Witzen. Auch die rhythmisch aufleuchtenden Mittelstreifen der Autobahn in *Trafic* sind eine Verschnaufpause in der nicht abreißenden Kette von Gags. Beim Blick aus dem Fenster auf den Strand in *Die Ferien des M. Hulot* schaut Martine auf Leute, die gymnastische Übungen machen, und auf einige wackelnde Strandzelte, die gerade aufgerichtet werden. Wer darunter steckt ist, nicht zu erkennen. Die Zelte winden sich wie fette, gestrandete Wale. Die friedliche Morgenszene ist eine faszinierende Mischung verschiedener Ebenen, aber nicht ausgesprochen witzig.

Der Stil von Tatis Komödien ergibt sich aus der oben beschriebenen Technik der Übertragung einer bestimmten Bedeutung auf Gegenstände, Personen etc., die originär nicht zusammen-

›Mein Onkel‹: Über seiner Arbeit in der Kunststoffabrik eingeschlafen (oben), kann Hulot nicht verhindern, daß die Plastikröhren die unpassende Form von Wurstketten annehmen (unten)

gehören. Dahinter steckt das Prinzip, ein Objekt oder eine Handlung mit einer völlig anderen Bedeutung zu füllen, wie beispielsweise das zerbrochene Paddelboot, das sich in ein aufgerissenes Fischmaul verwandelt. Der Ersatzreifen des Autos in *Die Ferien des M. Hulot* wird zum Trauergebinde, je mehr aufgewirbelte Blätter auf seiner feuchten Oberfläche hängenbleiben. Das berüchtigte Garagentor der Arpels verwandelt sich auf raffinierte Weise in eine Fratze. Über seiner Arbeit in der Kunststofffabrik eingeschlafen, kann Hulot nicht verhindern, daß die kostbaren Plastikröhren sich von den Maschinen lösen und die unpassende Form von Wurstketten annehmen. Arpel ist entsetzt, der Hund dagegen freut sich. Die winzigen Büroräume in Tatis *Playtime* entpuppen sich als Labyrinth, in dem Hulot und Giffard blind herumirren. Die zahllosen menschenähnlichen Autos in *Trafic* sind vielleicht die ergiebigsten Übertragungsbeispiele. Als einer der beschädigten Wagen unsanft in die nächste Garage bugsiert wird, ist aus dem Off sein schmerzhaftes menschliches Stöhnen zu vernehmen.

Tati verläßt sich gerne auf den ›puren‹ Zufall zur Unterstützung mancher Gags. Zum Beispiel in *Die Ferien des M. Hulot:* Hulot hat wieder einmal Unheil angerichtet. Als wäre nichts geschehen, streicht er ganz unschuldig ein am Strand liegendes Boot. Jedesmal, wenn er sich nach neuer Farbe bückt, spielen ihm die Wellen einen auf dem Wasser treibenden Farbtopf zu. Später glaubt er einen Touristen zu beobachten, der mit geneigtem Oberkörper eine Damen-Umkleidekabine auspäht. In Wahrheit steht der Mann in einigem Abstand von der Kabine und beugt sich für ein Familienfoto über seine Kamera. Den Witz erzeugt die Körperhaltung, die falsche Erwartungen produziert. Aus Hulots Perspektive ist der Mann ein schamloser Voyeur und hat den Tritt in den Hintern, den er ihm versetzt, verdient.

Der Zufall ist das strukturierende Element in Tatis *Playtime.* Über die wiederholten ungeplanten Zusammentreffen Hulots mit der weiblichen Reisegruppe steuert der Film auf seinen Höhepunkt zu. Auch Giffard trifft er zufällig. Ein kleiner, aber amüsanter Gag in *Trafic* ergibt sich ebenfalls beiläufig. Hulot geht hinter einem Wachtmeister, der mit den Händen sein steifes Genick massiert, über den Hof. Aus der entgegengesetzten Richtung kommt ihnen ein Polizist entgegen, vor dem ein Gefangener mit über dem Kopf erhobenen Händen herläuft. Plötz-

›Die Ferien des Monsieur Hulot‹: Aus Hulots Perspektive ist der Mann ein schamloser Voyeur und hat den Tritt in den Hintern verdient

lich entsteht der Eindruck, Hulot führe den Wachtmeister ab. Die Szene verläßt sich auf den Zufall, und der Witz ist um so wirkungsvoller, da keiner der Beteiligten merkt, was eigentlich vorgeht.

Oft reichen auch schlichte Mißverständnisse aus. Eine Schlägerei zwischen zwei Autofahrern in *Trafic* wird dadurch vermieden, daß einer der Kontrahenten beim Ausziehen seines Pullovers die Frisur und den Bart verwuschelt. Sein wütender Gegner erkennt ihn nicht mehr und verläßt zornig den Schauplatz. Der Augenblick, in dem Maria die zerknüllte Schaffellweste unter den Reifen ihres Autos für den kleinen Hund hält, ist ebenso ein vielzitiertes Beispiel.

Neben dem intellektuellen Anteil, den Tati am Aufbau filmischer Situationen hat, ist vor allem auch sein körperliches Darstellungsvermögen ein wichtiger Faktor. Er hat es geschafft, seine pantomimische Fähigkeit mit den realistischeren Anforderungen des Films zu verknüpfen. Die Synthese ist Hulot. Er beherrscht nicht nur die Pantomime, sondern auch Akrobatik und

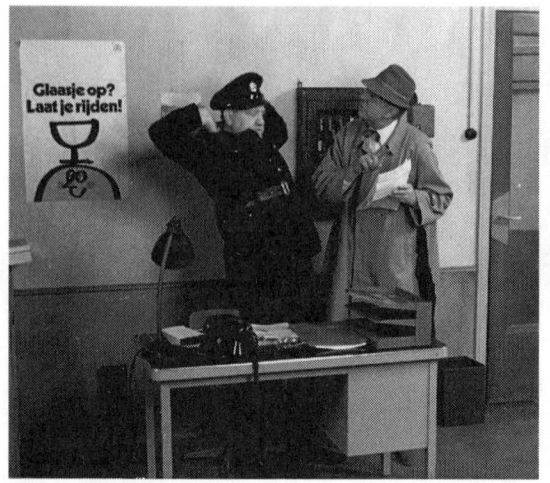 

Hulot »verhaftet« in ›Trafic‹ einen Polizisten

Sport. Roger Manvell beschreibt Hulot folgendermaßen: »Wie jeder andere kommt er mit der physischen Welt zurecht. Darüber hinaus aber übersteht er Schwierigkeiten mit einer tänzerischen Frechheit, die seine Tapsigkeit in einen Akt kühner Eleganz verwandelt.«[119]

Es ist auffallend, daß Tati als erfahrener Schauspieler auf Mimik verzichtet. Denn er verläßt sich ganz auf das Ausdrucksvermögen seines schlaksigen Körpers und arbeitet mit Totalen, um seine ganze Gestalt im Bild zu präsentieren.

Die Übertreibung ist das letzte und meistverwendete Stilmittel in Tatis Komödien. Ähnlich wie Harold Lloyd ist Hulot eine realistischere Figur als viele der Stummfilmclowns. Dennoch sind die Eigenschaften, aus denen sich der Charakter dieser Person zusammensetzt, übertrieben: seine Höflichkeit, Hilfsbereitschaft, Neugierde und Ängstlichkeit, sein Konkurrenzverhalten und sein Einzelgängertum. Die realistische Inszenierung der Schauplätze ist nicht überzeichnet – es gibt sie überall auf der Welt, und man findet sie immer häufiger. Doch wählt der Regisseur mit Bedacht ausgefallenere Orte oder Gebäude aus. Die öden Stahl- und Glasschluchten aus *Playtime* sind natürlich verzerrt dargestellt. Hulots Haus in dem zerfallenen Pariser Stadt-

teil St. Maur und die ultramoderne Villa der Arpels markieren zwei entgegengesetzte Pole der Realität. Die überfüllten Autobahnen, Straßen und Plätze in *Trafic* rücken die Realität zwar mit dokumentarischer Genauigkeit ins Bild, aber die ständige Präsenz der Automobile ist schon wieder eine Übertreibung. Obwohl sich die meisten Darsteller Tatis nicht vom Mann auf der Straße unterscheiden, legen sie überzogene Verhaltensweisen an den Tag. Die Gedankenlosigkeit, mit der sie ihr Ferienprogramm absolvieren, eine Stadtbesichtigung und andere übliche Freizeitbeschäftigungen hinter sich bringen, ist so auf die Spitze getrieben, daß die Differenz zu empirischen Abläufen erfahrbar wird. In den Übertreibungen werden aber unbewußte Mechanismen transparent, die sonst nicht mehr auffallen. Die hier beschriebenen Elemente gelten nicht exklusiv für Tatis Komödien, sondern sind Konventionen. Was ihn von anderen Regisseuren unterscheidet, ist die schonungslose Häufung, mit der sie auftreten. Dazu kommt sein untrügliches Gespür für ihre treffende Placierung. Tatis Sichtweise schließt zahlreiche Beobachtungen und Wahrheiten ein, die man in anderen Filmen vergeblich suchen wird. Er verwendet viel Zeit auf die Beobachtung von merkwürdigen, unberechenbaren Vorgängen und teilt diese Beobachtung über die oben beschriebenen Techniken seinem Publikum mit.

Filmtechnische Aspekte

Eine Analyse der filmtechnischen Mittel ergibt, daß Tati völlig andere Prioritäten setzt als viele Regisseure. Film ist ein visuelles Medium, daraus erklärt sich das geradezu ehrfürchtige Bemühen der meisten Filmemacher um Bild, Bildaufbau und Kamerabewegung. Der Ton entsteht oft erst nach dem Abdrehen, als Ergänzung. Für Tati ist Ton ein Grundelement, das unerschöpfliche Möglichkeiten bietet, nicht nur Ergänzung eines ansonsten abgeschlossenen Werkes. Beim flüchtigen Hinsehen könnte der Eindruck entstehen, er sei sich der Möglichkeiten der Kamera nicht voll bewußt. Bei genauerer Prüfung zeigt sich allerdings eine sehr überlegte Kameratechnik. Wie Chaplin arbeitet Tati mit starrer Kamera. Er verzichtet auf Fahrten und Schwenks, weil sie auf alle andere Bewegung einen neutralisierenden Einfluß haben. Kamerabewegung dient ihm dazu, die Handlung nicht aus dem Blick zu verlieren oder ihr innerhalb einer Szene zu folgen. Für Tati lenken Bühnenbilder von der Kamera als eigenständigem Ausdrucksmittel ab, ebenso vermeidet er Nahaufnahmen. Das demokratische Konzept, das er von der Komödie hat, verbietet ihm, dem Publikum eine Sichtweise aufzuzwingen. Er läßt den Zuschauern die Freiheit, sich ihre Bilder selbst auszusuchen. Tatis Ausbildung – auch darin ähnelt er Chaplin – erlaubt ihm, mit dem ganzen Körper zu arbeiten. Er vermag damit mehr auszudrücken als durch Mimik. Sein Schauspielstil erfordert Weitwinkelaufnahmen. Die Größenordnungen, in denen er denkt – Menschenmengen, Verkehrsstaus –, machen eine distanzierte Kameraposition notwendig. »Die Dimension der Kamera«, meint er, »ist die Dimension des Zuschauerauges. Ich gehe nicht nahe ran oder benutze Fahrten, um zu demonstrieren, daß ich ein toller Regisseur bin, denn ich will Ihr Auge in die Situation versetzen, die Restauranteröffnung so mitzuerleben, als wären Sie an dem Abend dort gewesen.«[120]
Für Tati drückt sich in der Verwendung der starren Kamera und der Totale Realismus aus. Der Zuschauer wird dadurch stärker in den Film einbezogen. In *Tatis Schützenfest* sucht man den Horizont nach François auf seinem Fahrrad mit den Augen ab, als erwarte man selbst als einer der Dorfbewohner gespannt die Post. Martines Blick auf den Strand in *Die Ferien des M. Hulot,*

das Aufschauen der Touristen zu den Wolkenkratzern in Tatis *Playtime* und die überfüllte Automobilausstellung in *Trafic* werden aus der Perspektive der Teilnehmer gezeigt; der Zuschauer wird dadurch selbst Teil der Handlung. Tati verzichtet darauf, wie ein Magier in die Menge zu zoomen oder die unpersönliche Vogelperspektive zu verwenden.

Was lag ihm näher, als sich der Breitwandtechnik zuzuwenden. Er war immer davon überzeugt, daß das 70-mm-Breitwandformat nicht Monumentalfilmen vorbehalten sein sollte. Tatis *Playtime,* seine erste und einzige 70-mm-Produktion, schöpft die Möglichkeit des Großformats voll aus. Die Häusertürme und Menschenmassen sind geeignete Objekte für das neue Format. James Monaco kommentiert: »Meines Wissens ist Tati der einzige, der im Breitwandformat nicht ein aufwendigeres Ausstattungspotential sieht, sondern z. B. den unrealistischen leeren und öden Charakter steriler Wolkenkratzerarchitektur herausarbeitet.«[121]

Lange bevor er Gelegenheit hatte, in Farbe zu arbeiten, betrachtete er sie als wichtiges Gestaltungsmittel. Schon in seinem ersten Spielfilm, *Tatis Schützenfest,* experimentierte er – erfolglos – mit einem Farbverfahren.

»Im Grunde dachte ich alle meine Schwarzweißfilme in Farbe«[122], bekannte er einmal. Die weichen, warmen Pastelltöne von St. Maur als Gegenpol zu den kalten, sterilen Grautönen und dem Neongrün im Haus der Arpels sind ein gutes Beispiel für leitmotivische Farbverwendung. Das gilt auch für die Grauabstufungen in Verbindung mit anderen Zwischentönen, die in Tatis *Playtime* vorherrschen. Wie hätte Tati in *Trafic* den Gegensatz zwischen alter und neuer Welt treffender darstellen können als durch die satten Farben der Landschaft entlang der Autobahn? Tati war so besessen von dem filmischen Gestaltungspotential der Farbe, daß er vor den Dreharbeiten zu *Playtime* ein Farbverfahren entwickelte, das er Scopochrome nannte. Damals berichtete *Variety*: »Er behauptet, ein neues Farbverfahren erfunden zu haben, mit dem der Schwarzweißfilm eingefärbt werden kann. Er hat eine Reihe von frühen Slapsticks, amerikanischen Stummfilmkomödien und Spielfilmen aufgekauft, die er mit dem Scopochrome-Verfahren einfärben und auf den Markt bringen will.«[123] Man kann darüber spekulieren, wie das Ergebnis ausgesehen hätte. Obwohl Tati sogar intendierte, seine eigenen frühen Schwarzweißfilme einzufärben, hat er den Plan nie verwirklicht.

Es ist nicht ungewöhnlich, daß bei den meisten Regisseuren die Analyse des Tons als filmtechnisches Mittel wenig hergibt. Bei Tati verhält es sich anders, weil er dort ein wesentliches Mittel ist. Monaco beobachtete, daß Tati die Tonspur »fast wie einen eigenen Film« behandelt.[124]

Er läßt die Dialoge nach Drehschluß unter idealen Studiobedingungen aufzeichnen, »schreibt« aber auch insofern an seinem Film weiter, als er für jede Bildfolge den entsprechenden Geräuscheffekt sucht. Seine Einstellung zu dieser Nachbereitung ist einzigartig und ein deutlicher Ausdruck seines Glaubens an die Eigenständigkeit des Tons. »Es ist meine Aufgabe, jede Szene noch einmal zu ›drehen‹, allerdings nicht in Bildern, sondern in Tönen. Darauf verwende ich größte Sorgfalt. Der Ton ist mir außerordentlich wichtig.«[125]

Es ist bei der Filmproduktion durchaus üblich, die Dialoge nachzusynchronisieren. Tati durchbricht allerdings dieses Verfahren, indem er diese Methode aus gestalterischen Gründen sehr bewußt benutzt und nicht, um mangelhafte Aufnahmequalität auszugleichen. Bei allen Schwierigkeiten weiß er die Vorzüge der Nachsynchronisation zu schätzen, denn es ist ihm wichtig, während der Aufnahme mündliche Regieanweisungen zu geben, wie das viele Stummfilmkomiker praktiziert haben. Die Nachsynchronisation erlaubt also größtmögliche Kontrolle während des Drehens und bei der Erarbeitung der Tonspur. In allen seinen Filmen lassen sich Beispiele für Situationskomik und für die Präsentation von Figuren ausfindig machen, die hauptsächlich durch die richtige Kombination mit Geräuscheffekten funktionieren: Hulots kleines Auto, das ständig fehlzündet, das dumpfe Schlagen der Speisesaaltür, die quäkenden Lautsprecheransagen in *Die Ferien des M. Hulot* und die knirschende Pfeffermühle des Chef de rang sind akustische Gags im besten Stile Tatis. Für ihn kommt noch die Zeit, in der auch auf dem kommerziellen Markt Filme produziert werden, die »mit einfachen Bildern und minimaler Bewegung arbeiten und durch den Ton eine neue Dimension gewinnen. Wie Gemälde mit Ton – eine phantastische Vorstellung!«[126]

Die Absenz von Ton gab den Stummfilmkomikern ungewöhnlich viel Spielraum. Weit entfernt von den natürlichen Gegebenheiten, konnten Darsteller im Stummfilm vorgeben, nur das zu hören, was die intendierte Wirkung der Szene verstärkte. Dieselbe Freiheit erlaubt Tati sich bei der Kreation seiner Welt. Chaplins Umgang mit dem Gegensatz von natürlicher und stummer Welt in *Moderne Zeiten* läßt sich als Vorbild für Tati unschwer feststellen. Er unterläuft in manchem die starre Rezeptionshaltung des heutigen Publikums. Diese Befreiung von inzwischen gängigen filmischen Konventionen gibt dem Publikum etwas von der Freiheit des Ausdrucks und der Phantasie zurück, die mit dem Aufkommen des Tons so leichtfertig verschenkt wurde.

Tatis Vorliebe für das 70-mm-Breitwandformat hängt mit seinen Qualitätsansprüchen in puncto Ton genauso zusammen wie mit visuell-kompositorischen Konzepten. Bei diesem Format kann Magnet-Stereoton anstelle des üblichen Lichttons verwendet werden. Tati zögerte den Filmstart von *Playtime* in den USA einige Jahre hinaus, weil der Film nur in Kinos mit Vorführungseinrichtungen für die überlegene 70-mm-Version laufen sollte. Er sagte: »Mein ganzes Leben habe ich für den Ton gekämpft. Eines Tages wird der Magnetton sich durchsetzen; Lichttonkopien zu zeigen ist albern. Von einem gewissen Punkt an verzerrt Lichtton, während Magnetton eine perfekte Wiedergabe bis in die kleinsten Nuancen gewährleistet.«[127]

Häufig verwendet Tati ein bestimmtes Geräusch als Leitmotiv, das als verbindendes Element den Film durchzieht. Das komische Stottern von Hulots Auto in *Die Ferien des M. Hulot* wird immer im passenden Augenblick hörbar. Dadurch entsteht ein Gefühl von Hulots rastloser Aktivität; seinem ständigen Kommen und Gehen entspricht das Geräusch der Fehlzündungen über einer friedlichen Szene. Das entfernte Bellen eines Hundes taucht in mehreren Filmen auf. Hulot hat in *Die Ferien des M. Hulot* eine Handvoll Feuerwerkskörper losgehen lassen. Die darauf folgende kostbare Stille wird durch ein fernes Hundebellen noch erfahrbarer. Mit dem gleichen Kunstgriff wird in *Trafic* die Stille der wenigen ländlichen Szenen erhöht.

Vom Aufbau her ist es taktisch eher ungeschickt, nach den Ausführungen zu Tatis so individuellem Umgang mit Ton und Kamera noch auf seine Schnitttechnik einzugehen. Schon in den ersten Filmen hat er den Schnitt unter ausschließlich funktionalen Gesichtspunkten betrachtet. Er kümmert sich wenig um Schnitttempo, Zwischenschnitte und ausgesuchte Bildfolgen. Für die meisten Sequenzen genügen ihm Totalen, er verzichtet weitgehend auf Nahaufnahmen etc. Er erwartet vom Publikum, daß es beim Sehen selbst ›schneidet‹. Manchen Regisseur würde es in den Fingern jucken, bestimmte Szenen in ein bestimmtes Schnittschema zu pressen.

Musik

Die Musik in den Filmen Tatis reicht vom gefälligen Chanson in *Die Ferien des M. Hulot* bis zur temperamentvollen Jazz-Instrumentierung in *Trafic*. Da er zunehmend mit Gegensätzen arbeitete, führte er entsprechend mehr musikalische Stilformen ein. Extrem verschiedene Stile richten die Aufmerksamkeit auf die im Film thematisierten Gegensätze: neu gegen alt, rationell gegen unrationell, Sterilität gegen Menschlichkeit. In allen Filmen schafft die Musik eine leichte, warme und liebenswürdige Atmosphäre, die wiederum typisch französisch ist. Alain Romans, der Komponist von *Die Ferien des M. Hulot,* bescheinigt Tati einen sicheren Geschmack bei der Auswahl seiner Musik. Zur Popularität der Musik, die er für Tati geschrieben hat, sagt Romans: »Die Melodien waren in Frankreich immer Erfolge, aber ich muß dazu sagen, daß Tati in keinem seiner Filme Gesangsnummern hat. Als Schlager wurden diese Melodien erst populär, nachdem die Filme längst liefen.«[128]

Tatis Integrität läßt es gar nicht zu, der Masche aufzusitzen, an unpassenden Stellen hitverdächtige Gesangsnummern einzubauen. Francis Lemarque, der die musikalischen Hauptthemen für Tatis *Playtime* schrieb, bemerkt dazu: »Tati ist ein außergewöhnlich sensibler Künstler, mit einem besonderen Gespür für volkstümliche, schlichte Musik. Wenn er eine Melodie liebt, beschützt er sie mit großer Treue und, ich möchte sagen, mit großer Zärtlichkeit.«[129]

Daß er der Musik so große Bedeutung in der Komödie beimißt, hängt fraglos mit seiner Varieté-Erfahrung zusammen, wie aus einer seiner Bemerkungen hervorgeht: »Im Varieté habe ich die Schwierigkeit erfahren, ohne Musik Komik zu produzieren, denn komisch sein heißt, auf dem Hochseil sein oder jonglieren. Deshalb versuche ich, für jeden Schauspieler eine Melodie im Kopf zu haben.«[130]

Um aus einem größeren Angebot auswählen zu können, beschäftigt Tati oft mehrere Komponisten. Romans sagt, Tati habe »zwar selbst vorher keine genauen Vorstellungen – kann sich aber dann sehr schnell für eine von mehreren Möglichkeiten entscheiden«.[131] Von Lemarque wissen wir, daß er erst den Kompositionsauftrag für Tatis *Playtime* bekam, nachdem Tati bereits

mehrere Leute mit der Komposition des musikalischen Leitthemas beauftragt hatte.
Tati »wartet, bis er eine Melodie zum Verlieben gefunden hat, auf diese Weise kam ich zu meiner Arbeit an Tatis *Playtime*. Ich sollte hinzufügen, daß Tati, um sicherzugehen, immer verschiedene Rhythmen und Instrumentierungen durchprobiert.«[132]
Tatis Perfektionismus läßt ihn so lange nach einem musikalischen Stil suchen, bis einer überzeugt. Frank Barcellini, Tatis Komponist für *Mein Onkel*, schätzt die Suche des Regisseurs nach der passenden Musikfassung so ein: »Für mich reagiert er auf Musik wie vielleicht andere auf ein junges Mädchen: an einem Tag voller Liebe, am nächsten voller Haß.«[133]
Jean Yatove, der nicht nur die Musik für Tatis ersten Spielfilm, *Tatis Schützenfest,* sondern auch für zwei seiner frühen Kurzfilme schrieb, findet die Zusammenarbeit mit ihm als Komponist frustrierend. Die ständigen Drehbuchänderungen machten es ihm schier unmöglich, die endgültige Musik zu entwickeln: »Manche Regisseure sagen: ›Dieses Thema wird eingespielt und dient als musikalische Grundlage für eine Szene.‹ Jacques Tati tut das nie. Ich möchte, daß er sich ein paar Themen anhört, die ich für bestimmte Szenen improvisiert habe, aber er hört sie gar nicht erst an.«[134]
Sowohl Lemarque als auch Romans berichten, daß sie bis zum Abschluß der Dreharbeiten die musikalischen Themen für die einzelnen Charaktere nur leitmotivisch skizzieren. Tati läßt die Musik nicht als Ausgangsbasis für bestimmte Szenen schreiben. Wir wissen von Romans, daß Tati keine Musik duldet, »die Gesten oder Geräusche unterstreicht«.[135] Eine unterhaltsame Ausnahme bildet die Musikuntermalung zu der Sequenz mit den verschmelzenden Mittellinien der Autobahn in *Trafic*.
Tatis Aversion gegen die musikalische Untermalung von Bildern korrespondiert mit seiner Abneigung gegen aufwendige Orchestrierung. Die Musik seiner Filme ist leicht und beschwingt; die Jazzpassagen zu den Autofahrten in *Trafic* sind für eine kleine Combo arrangiert, wie auch die härtere Rockmusik von einer kleinen Gruppe gespielt wird. Die Musik in *Die Ferien des M. Hulot* illustriert treffend, wie die gefällige Instrumentierung eine verträumte, träge Ferienstimmung zu unterstreichen vermag. Tati war zwar unklug genug, von Romans beim zweiten Start des Films im Jahre 1962 ein modernes musikalisches Arrangement

schreiben zu lassen, aber immerhin gelang es ihm, ein plumpes musikalisches Übergewicht zu vermeiden.
In allen musikalischen Themen aber schwingt unüberhörbar die merkwürdig satirische Grundtendenz seiner Weltauffassung mit. Eine Musik, die diese Stimmung nicht enthielte, ließe sich in keinen Tati-Film integrieren. Charles Dumonts vielschichtige, zugleich einfache Musik für *Trafic* kehrt immer wieder zu einem aus vier Noten bestehenden »Da-da-di-da«-Grundtakt zurück. Die Wiederholung dieses Musters, das gilt für die Jazz- und Rockpassagen, ist ebenso amüsant wie Hulots wiederkehrende Auftritte. Das schlichte, unprätentiöse Thema ist ebenso rastlos und aussagekräftig wie Hulot selbst. Der Ausgleich für mangelnde Substanz oder Solidität ist eine auch für Hulot charakteristische Persistenz. Die älteren, romantischen Melodien, besonders in *Die Ferien des M. Hulot,* unterstreichen die Persönlichkeit Hulots, wie diese wiederum die Wirkung der Musik unterstützt. Zu diesem merkwürdigen Herrn, der immer etwas fehl am Platze ist, passen plötzlich die altmodischen Chansons. Die heitere, jazzige Musik, die in *Mein Onkel* die Aktivitäten der Arpels begleitet, oder die zunehmende Intensität von David Steins und James Campbells Kompositionen, die in der Royal-Garden-Sequenz von Tatis *Playtime* ihren Höhepunkt erreicht, verstärken effektvoll die Grobheit und Spannung der Szene. Mit großem Fingerspitzengefühl verwendet der Regisseur gedämpfte Musik zur Akzentuierung von Szenen. Am Fluß sitzt eine Gruppe von Leuten zusammen und lauscht dem Gitarrenspiel eines jungen Mannes.
Diese Szene ist eine der kostbaren romantischen Augenblicke in dem ansonsten vom Lärm der Automobile beherrschten Film mit seiner entsprechend hektischen Musik. Wie mit musikalischen Themen Gegensätze in der Filmerzählung herausgearbeitet werden können, läßt sich an *Trafic* sicher am besten zeigen. Dumonts Komposition reicht vom weichen, romantischen Stil bis zu harten Rockklängen als Begleitung für die Autofahrten. Tati verstärkt die musikalischen Effekte, indem er Dumont einige wirkungsvolle, expressive Elemente einbauen läßt. Ein am Jazz orientiertes Schlagzeugsolo begleitet streckenweise die spannungsreichen Autofahrten. Dumont mischt sogar zur Begleitung des Verkehrsstaus eine gequälte, wimmernde Menschenstimme unter. So wie die hinreißende Titelmelodie in *Die Ferien des M.*

Hulot, taucht das zentrale Thema von *Trafic* getreu am Ende des Films wieder auf.

Obwohl Tati selbst kein Musiker ist, achtet er streng auf die Auswahl der Musik. Auch wenn es in der Zusammenarbeit mit Komponisten manchmal Schwierigkeiten gab, fand er in seiner äußerst individuellen Vorstellung letztlich Zugang zu den Kompositionen. Über die gemeinsame Arbeit an *Playtime* sagt Lemarque: »Lieber mit Geduld und die Nerven dabei geschont!«[136] Damit er seine Idee einer verrückten Welt umsetzen kann, nimmt Tati die komplizierte Aufgabe des Schreibens, Regieführens und Spielens auf sich.

Schlußbemerkung

Egal, wie man das gegenwärtige Filmschaffen beschreiben würde, der Schluß könnte immer lauten: »... und natürlich gibt es dann noch Jacques Tati.« Aber auch wenn seine Filme sich nicht mit denen anderer Regisseure vergleichen lassen, sind sie nicht Inseln fernab der Filmgeschichte. Sicher ist Tati stärker als andere heutige Filmemacher von den großen Stummfilmkomikern beeinflußt worden. Er verbindet stilistische und figürliche Elemnente eines Linder, Chaplin, Keaton, Langdon und Lloyd mit seiner respektlosen Perspektive auf die moderne Gesellschaft zu einer eigenen, verrückten Welt. Allerdings verharrt er nicht nostalgisch als Relikt der frühen Filmgeschichte, sondern ist in jeder Hinsicht modern. Er hält der Welt einen Spiegel vor, indem er gesellschaftliche Mechanismen auf der Leinwand bloßstellt. Er war daran interessiert, daß die Menschen durch seine Filme einen objektiveren Blick auf ihre Lebensverhältnisse ausbilden, um sich unabhängiger für diese oder jene Lebensform entscheiden zu können. Tati hat als einziger zeitgenössischer Komiker eine archetypische Filmfigur geschaffen. Indem er Hulot erfand, mußte er sich von gängigen und gerade modernen Vorstellungen der Komik freimachen und zurückgehen auf Grundmuster der Komödie, die auch Chaplins Tramp und Keatons Stoneface inspirierten.
Sie alle hatten ihre Nachahmer. Warum versucht niemand, Tati zu kopieren? So provokativ er ist, so individuell arbeitet er auch, und das ist sicher für viele entmutigend. Das selbstauferlegte Schweigen bietet ungeahnte Ausdrucksmöglichkeiten, aber mancher Komiker wäre dieser künstlerischen Herausforderung nicht gewachsen. Sich als Komiker über Körpersprache auszudrücken, hat Tati in seiner Bühnenausbildung gelernt. Den meisten Filmschauspielern fehlt diese Ausbildung heute. Mel Brooks' *Silent Movie* ist z. B. ein recht bleifüßiger Versuch, die Grazie der Stummfilmkomödie wiederzubeleben. Der Film arbeitet zwar mit Slapstickelementen, kommt aber nicht ohne witzige Zwischentitel aus.
Einflüsse von René Clair über Jean Renoir, Keaton, Chaplin und Linder lassen sich bei Tati ohne weiteres feststellen. Schwieriger ist es, Tatis Einfluß auf den zeitgenössischen französischen Film

herauszuarbeiten. Sein beschwingter Optimismus scheint für die gegenwärtige französische Filmkomödie charakteristisch zu sein. Filme wie *Der große Blonde mit dem schwarzen Schuh* arbeiten erfolgreich nach einem Slapstickschema; der liebenswert naive, langbeinige Hauptdarsteller ähnelt in Statur und Bewegung Hulot. Aber der Film gelangt über die Satire auf das Agentenfilm-Genre hinaus nicht zur bissig-witzigen Gesellschaftskritik. Claude Lelouchs glatte Komödien sind sehr populär. Sein *Money, Money, Money* imitiert Stummfilmtechniken zu ›passender‹ Musik der Zeit. Truffauts *Taschengeld* ist eine rührend komische Kindheitsgeschichte. Der Publikumserfolg *Cousin, Cousine* arbeitet mit abgegriffenen Klischees von Ehe und Treue. Das sind beliebig herausgegriffene Beispiele des derzeitigen französischen Films, die eine tendenziell optimistische, unverbindliche Perspektive haben. Bei aller satirischen Qualität fehlt Tati die Bitterkeit und soziale Anklage seiner frühen Vorbilder, die der Komik so oft entgegenarbeitet; man denke nur an Chaplins *Monsieur Verdoux* oder die Schlußszene von *Der große Diktator*. Die neueren französischen Produktionen belegen nur zu gut, was Tati vermeidet: Weder greift er sein Publikum an, noch überrollt er es. Er entzückt seine Zuschauer ganz einfach durch seinen Witz.

Die französischen Komödien unterscheiden sich von internationalen Produktionen insofern nicht, als der Witz immer in der Story liegt. Bei Tati geht es um die Komödie an sich. Er schafft eine Welt, der die Komik strukturell eingeschrieben ist. Das Publikum läßt sich von der Atmosphäre oder dem Ambiente genauso fesseln wie in anderen Filmen von der Geschichte. Obwohl Tati eine strukturell andere Komödie geschaffen hat und damit auch andere Vorbilder, ordnen sich die allgemeinen Komödien einer Erzählung unter und arbeiten sich von einem Witz zum nächsten, statt kontinuierliches Ganzes zu sein. Schon allein daran läßt sich ermessen, wie individuell und originär Tatis Stil und Arbeitsweise sind und daß nur sehr wenige Filme an seine Werke heranreichen.

Amerikanische Produzenten haben sich für Tati wegen seiner internationalen Geltung interessiert. Er ist nicht französischer als Chaplin amerikanisch ist. Das Paris von Tatis *Playtime* ist deshalb so beängstigend real, weil nichts daran ›typisch‹ Paris ist, sondern es ist eine internationale Stadt. *Trafic* könnte auf jeder

Autobahn der Welt gefilmt sein. Angesichts der Erfolge von Fellini, Truffaut und Bergman in den USA ist es schon recht absurd, daß Tatis drei Spielfilme, außer auf einigen wenigen Festivals, jahrelang nicht zu sehen waren. Nach Tatis *Playtime* geriet der Regisseur in eine Finanzkrise, die die rechtliche Verleihsituation der übrigen Filme tangierte. Tati nahm *Mein Onkel* bis zur endgültigen Klärung aus dem Verleih. Als ein Regisseur, der relativ wenig Filme gemacht hat, genießt Tati in den USA hohes Ansehen, wird aber kaum gezeigt.

Confusion

Immer wieder beschäftigte Tati die Idee, einmal einen Film in Hollywood zu drehen. Nach dem überwältigenden Erfolg, den *Mein Onkel* 1958/59 in Amerika hatte, kamen die ersten Angebote aus der Filmmetropole. »Beinah jedes Studio in der Stadt hat dem Star/Regisseur/Drehbuchautor und Produzenten ein dickes Angebot gemacht. Tati aber hat ihnen allen freundlich zu verstehen gegeben, daß er zwar gerne kommen würde, um dort zu arbeiten, er bezweifle aber, daß die Filmindustrie seine Art zu arbeiten billige«, schrieb damals Hazel Flynn.[137]

Tati war sich durchaus im klaren darüber, daß auch der geduldigste Produzent in Hollywood an seiner unglaublich sorgfältigen und zeitraubenden Arbeitsweise verzweifeln würde. Allerdings war es nicht das erste Mal, daß man versucht hatte, ihm seine ganz persönliche Art des Filmemachens auszureden. Nach *Schützenfest* kamen Angebote, weitere Folgen zu drehen, in denen der arme François heiraten oder nach Paris gehen sollte. Tati aber war klug genug, solche Angebote abzulehnen, wie er auch nicht bereit war, einen Film in Italien mit dem berühmten Clown Totò (Antonio de Curtis), der 1967 gestorben ist, zu drehen.

Tati war der Ansicht, daß fabrikmäßig hergestellte Filme zum Niedergang des Kinos führen würden. Von der Wiederholung ewig gleicher Muster sei keine Originalität zu erwarten.

Zwar hätte Tati gerne einen Film in Hollywood gedreht, doch war ihm bewußt, daß ihm kaum jemand die notwendige Zeit und die damit verbundenen finanziellen Mittel geben würde. Er erinnerte dabei an den 22 Wochen umfassenden Drehplan für *Mein Onkel*. Harold Hildebrand schrieb allerdings, »daß einige Produzenten bereit gewesen wären, mit Tati einen Vertrag nach dessen Bedingungen zu machen, weil sie sich geschäftlichen Erfolg ausrechneten«.[138]

In diesem Zusammenhang weigerte er sich auch, einen Titel *Mr. Hulot Goes West* zu drehen. Aber dennoch ist schwer verständlich, warum Tati in all den Jahren nie ein Angebot aus den USA angenommen hat. Tati hat sich ähnlichen Profitbestrebungen auch in Europa jahrelang widersetzt. Ein in den USA produzierter Film hätte wohl auch ein breiteres Publikum erreicht, schon aufgrund besserer Verleihbedingungen und intensiverer Werbung. 1975 hatte es eine Zeitlang tatsächlich den Anschein, als werde Tati seinen nächsten Film mit dem Titel *Confusion* in den USA drehen. Die Vorarbeiten für den Film, der mit französischen und amerikanischen Geldern finanziert und von Robert Levinson und Steven North produziert werden sollte, waren praktisch abgeschlossen, und die Dreharbeiten hätten beginnen können. Tati aber entschied sich plötzlich, mit anderen Produzenten zu arbeiten und den Film doch lieber in Europa zu machen. Levinsons Enttäuschung war entsprechend: »Tati wollte sich gerade mit uns einigen, als ihm noch bessere Bedingungen geboten wurden, nämlich Gelder aus drei anderen Ländern. Es ist sicher eine große Herausforderung für ihn, in Amerika zu arbeiten, andererseits aber fürchtet er sich wohl auch davor, mit neuen Leuten und unter anderen Produktionsbedingungen als bisher zu arbeiten. Mir scheint, er will, an dieser Stelle seines Lebens angelangt, eher seine Reputation bewahren, als seinen schöpferischen Horizont erweitern.«[139]

Auch der nie gedrehte *Confusion* sollte, wie so oft bei Tati, eher aus vielen einzelnen Episoden als aus einer durchgehenden Handlung bestehen. Hulot wäre in diesem Film als genialer Erfinder aufgetreten, der von einer amerikanischen Fernsehgesellschaft den Auftrag erhält, die Kameras der Nachrichtenabteilung auf das neue Hulot-Farbverfahren umzurüsten. Zu diesem Zweck reist er mit dem Nachrichtenteam herum und hat so bei zahlreichen Anlässen Gelegenheit, das mit seiner Person verbundene Durcheinander (Konfusion) anzurichten.

Wie nicht anders zu erwarten ist, wenn jemand wie Hulot mit komplizierter Fernsehtechnik zu tun hat, gibt es Probleme mit der Elektronik, so daß er und das Team vergeblich versuchen, mit der ständig wachsenden Nachrichtenflut fertig zu werden. »Mitten im größten Durcheinander treten insbesondere beim Soundtrack immer mehr Probleme auf. Da die Synchronisation nicht stimmt, ist ein Durcheinander aus Musik, Gesprächsfetzen, Miauen, Explosionen und Kriegsgeräuschen zu hören.«[140]

Um die Experimente mit dem Ton noch weiter zu treiben, wollte Tati Soldaten zeigen, die sich gerade etwas ausruhen und dabei nicht auf Maschinengewehrfeuer und die Bombenexplosionen reagieren. Plötzlich ertönt Vogelgezwitscher, und die Soldaten zucken ängstlich zusammen, als hörten sie gerade eine Angriffswelle heranrollen.

Das Hulot-Farbverfahren scheint eine Parodie auf Tatis eigene Experimente mit den verschiedenen Filmmaterialien zu sein. Gegen Ende des Films versagt dann die neue Farbtechnik völlig, als das Filmteam von einer militärischen Ordensverleihung berichten will. Den Generälen fließt das Gold von ihren Schirmmützen über die Gesichter und das Rot ihrer zahlreichen Auszeichnungen läuft ihnen wie Blut über die Uniform.
In diesem Film sollten mehrere Motive aufgegriffen werden. Es sollte deutlich werden, daß der Mensch ein Sklave der Technik ist. Aufgrund der Übertechnisierung sind die Leute so abgestumpft, daß es für die Fernsehgesellschaften notwendig geworden ist, »Special news«-Programme einzurichten, die eher der Unterhaltung als der Information dienen.
Streckenweise wird man an das überkomplizierte Campingmobil in *Trafic* erinnert, das das Auto parodiert. In Hulots Nachrichtenteam ist auch eine Frau tätig, die der forschen Maria aus *Trafic* ähnelt. Tati beschreibt sie als besonders rührige, über 40jährige resolute Frau, die einen ähnlichen Gang wie Hulot hat.
Tatis Absicht, Hulot zu verallgemeinern durch viele Persönlichkeiten hindurch (und vice versa), wird auch an dieser Frau sichtbar unterstrichen.
Eine Szene, die während einer Ruderregatta auf einem malerischen Fluß gedreht werden sollte, veranschaulicht, wie sauberes Wasser mehr und mehr durch Waschmittelrückstände und Abfälle verschmutzt wird. Bereits in *Trafic* ist die Landschaft mit Müll und ausrangierten Autos übersät. In *Confusion* geraten Hulots Arbeitgeber über die ständig sinkende Qualität der Nachrichtensendung in Rage. Als das Durcheinander von Ton und Bild immer größer wird, lassen Hulot und sein Team alles stehen und liegen und machen sich einfach aus dem Staub. Wie in *Trafic* wirft Hulot in dem Moment das Handtuch, als die Leute um ihn herum die Technik allzu ernst nehmen. Er geht eine verlassene Straße entlang und an einem Schaufenster vorbei, in dem ein eingeschaltetes Fernsehgerät steht. Der Lautsprecher ist abgeschaltet. Er scheint den Vorübergehenden zu tadeln, da dieser dem Fernseher keine Aufmerksamkeit schenkt. Ein Hund kreuzt Hulots Weg. Tati schließt seinen Entwurf mit der folgenden Beschreibung: »Als sich die Nacht über die Stadt senkt, stellt sich durch die vielen Fernsehantennen auf den Dächern der Ein-

druck her, daß alle Leute vor ihren Apparaten sitzen. Der Hund ist ganz allein auf der Straße und verschwindet in der Ferne.«[141]
In diesem Projekt ist der Ton für Tati noch wesentlicher als in seinen vorangegangenen Filmen. Er beabsichtigte sogar, in einige Szenen Dialoge einzubauen. Beispielsweise sollte der Direktor der Fernsehanstalt seinen blumig und poetisch berichtenden Opernreporter zu einer Sportveranstaltung und den weniger wortgewandten Sportreporter zu einer Opernaufführung schicken, wo dieser auf gewohnte Weise mit abgehackten Sätzen seine Reportage macht. Hierzu bemerkte Tati: »Der Dialog, der bisher in meinen Filmen für die Handlung nicht wichtig war, wird hier unentbehrlich; es gibt keine Geschwätzigkeit, die sich auf die visuelle Komik negativ auswirken könnte.«[142]
In seinem Entwurf weist Tati darauf hin, daß er bekannte Schauspieler in Nebenrollen engagieren wolle, falls der Film in den USA gedreht werde. Zu diesem Zugeständnis erklärte er sich bereit, in der Hoffnung, daß der Film dann eine weitere Verbreitung in diesem Land finden werde. Auch war er bereit, mit einem amerikanischen Drehbuchschreiber zusammenzuarbeiten, um sich dem amerikanischen Publikum verständlicher zu machen. Auf den ersten Blick hat es den Anschein, als habe bei Tati ein Umdenkungsprozeß stattgefunden. Wahrscheinlicher aber ist, daß er glaubte, diese Zugeständnisse machen zu müssen, um potentiellen Geldgebern die Angst zu nehmen, der Film werde völlig am Markt vorbeiproduziert. Allerdings dürfte es sicher sein, daß sich Tati trotz der günstigeren Bedingungen seinen Vertragspartnern nicht unterworfen hätte.
Tati hatte sich nach der Fertigstellung von *Trafic* jedoch nicht ganz aus der Filmproduktion zurückgezogen. 1973 entstand im Auftrag des schwedischen Fernsehens der abendfüllende Film *Parade,* bei dem Tati das Drehbuch schrieb, Regie führte und die Hauptrolle spielte. Der Film, der zu siebzig Prozent auf Videoband gedreht wurde, ist eine atypische Phantasie und spielt in einem Zirkus. Zwei Kinder kommen sich allmählich näher, nachdem sie zunächst auf getrennten Wegen den Zirkus erforscht haben. Tati tritt als Zirkusartist Monsieur Loyal auf und brilliert mit einigen seiner bekanntesten Pantomimen. Durch die verschiedenen Varieté-Nummern, die er präsentiert, bringt es Loyal fertig, die Zirkusatmosphäre in eine Freudenfeier zu verwandeln. Am Ende des Films sind die beiden Kinder Freunde ge-

worden. Danach sieht man das Zirkuszelt, wie es in windiger Nacht leersteht; ein paar Luftballons, die sich irgendwo losgerissen haben, fliegen vorbei. An der liebevollen Weise, mit der die beiden Kinder gezeigt werden, an der kritischen Darstellung der autoritären Art, mit der Erwachsene ihre Kinder bevormunden, am Beobachten von Alltagskomik und an der großen Zahl der Mitwirkenden läßt sich bei diesem Film unschwer Tatis Handschrift erkennen. Doch *Parade* erinnert noch stärker an Chaplin als die Hulot-Filme. Loyal ist eine Figur, die sich weniger ablenken läßt und einen größeren Bezug zur Realität hat als Hulot. Außerdem ist die Sentimentalität diesmal deutlicher hervorgekehrt, was ebenfalls auf Chaplin verweist. Der Film wurde Weihnachten 1973 vom französischen Fernsehen ausgestrahlt und gewann später in Frankreich den Grand Prix du Cinéma sowie 1975 die Goldmedaille beim Kinderfilmwettbewerb innerhalb des Moskauer Filmfestivals. Man kann nur hoffen, daß der Film – ähnlich wie Ingmar Bergmans Fernsehproduktionen – auch einmal im Kino zu sehen sein wird.

Gertrud Koch

Das lautlose Lachen im Käfig des Bildes
Jacques Tatis Konstruktionen des Komischen

Eine typische Situation der Komödie: ein heißer Sommertag, ein Eisverkäufer, ein sehnsüchtiges Kind. Charlie Chaplin hätte den Eisverkäufer abgelenkt, damit das Kind Eis klauen kann; W. C. Fields hätte dem Kind das Eis geklaut; Buster Keaton hätte eine Eisfächelmaschine erfunden, damit die Kugel nicht schmilzt; Laurel und Hardy hätten sich damit eingesaut, nachdem sie das Kind beiseite geschoben hätten; Harpo Marx hätte vor den Augen des verblüfften Kindes jede Menge Eiskugeln in seinen Manteltaschen verschwinden lassen. Bei Jacques Tati aber passiert nichts: Die Kamera zeigt einen Eiswagen, halbnah, davor einen trägen Eisverkäufer, am hinteren Rand des Eiswagens streckt sich eine kleine Hand hoch, der Eisverkäufer tauscht zwei Eistüten gegen den hochgehaltenen Geldschein, liest weiter, da bewegen sich die zwei Eistüten, der Eisverkäufer hebt sich und den Blick, die Kamera übernimmt ihn und schwenkt langsam am Eiswagen vorbei auf das winzige Kind, das nun die Arme ausbreitet, die Eistüten wie Enden einer Gleichgewichtsstange balancierend, auf die Treppe geht, vorsichtig, Schritt für Schritt, bedenkliche Höhen wacker nehmend. Schnitt: Die Tür des Hotels am Ende der Treppe, halbnah der kleine Junge, der den Türgriff runterdrückt, das Eis dabei ganz langsam um 180 Grad nach unten drehend, die Tür springt auf, der Kleine verschwindet. Schnitt: Von unten kommen die beiden Eistütenärmchen ins Bild auf eine Stuhlreihe zu, wo bereits ein anderer kleiner Junge sitzt, zufrieden beginnen beide ihr Eis zu lutschen hinter dem Rücken des Kellners, der mit der Dekoration von Girlanden beschäftigt ist.

Das Komische an Tatis Inszenierung ist, daß nichts passiert, daß, entgegen allen Erwartungen und physikalischen Gesetzmäßigkeiten, das Eis nicht zu Fall kommt, das Kind nicht brüllen wird, daß sich hinter dem Rücken der Erwachsenen ein Wunder ereignet hat, das niemand wahrnimmt. Das Wunder einer Metamorphose: aus dem Kind, das noch nicht richtig gelernt hat, wie man eine Treppe hochgeht, ist ein rätselhaftes, geschicktes Tierchen geworden, das wir amüsiert beobachten: »Ein gutes Stück der komischen Wirkung, welche Tiere auf uns ausüben, kommt von der Wahrnehmung solcher Bewegungen an ihnen, die wir nicht nachahmen können.«[1] Was sich in den drei Einstellungen aus *Die Ferien des M. Hulot* aber auch zeigt, ist nicht nur das Unterkühlte, die Verweigerung der üblichen Dramaturgie der Komödie, sondern auch die außerordentlich visuelle Seite an Tatis Konstruktionen des Komischen. Wenn nämlich auf dem komischen Höhepunkt die Eistüte nach unten kippt, ist das ein optisches Abenteuer; den sadistisch lauernden Kamera-, Zuschauerblick verdoppelt ein vergrößernder Schatten der umgekehrten Katastrophe: Bedrohlich schwarz hebt sich der Schatten der kopfstehenden Eistüte vom Plakat des Maskenballs ab, und wie ein Meister des Suspense verschwindet der kleine Magier im Dunkeln hinter der Tür. In *Mein Onkel* kauft M. Hulot auf dem Markt ein, aus dem Einkaufskorb ragt das weitaufgerissene, zähnebewehrte Maul eines toten Fisches. Am Gemüsestand verhandelt Hulot mit dem Verkäufer, die Tasche mit dem Fisch pendelt dabei unter dem Ladentisch vor einem Hündchen vorbei, das mechanisch die Zähne fletscht, im toten Fisch einen aggressiven Eindringling vermutend. Auch in dieser Einstellung findet das komische Ereignis hinter dem Rücken der Akteure statt, tut sich unterhalb des Ladentischs das komische Universum auf. Aber auch hier passiert nichts: keine Verfolgungsjagd durch die Gemüsetürme hindurch, keine Verlängerung einer Situation in Aktion. Tati hält die Situation im Schwebezustand des Bildes.

Im berühmten Werk Henri Bergsons über *Das Lachen (Le Rire)* entwickelt dieser die These, daß das Lachen dort auftritt, wo etwas Lebendiges von etwas Mechanischem überlagert wird. Als Beispiel dient ihm der Fall eines Mannes, der auf der Straße stolpert und hinfällt, die klassische Situation der Bananenschale des Slapstickfilms. Tati aber begnügt sich nicht mit den leichten Lacherfolgen, und das Lachen fällt in seinen Filmen auch keineswegs leicht, es schwebt, aber es entlädt sich nicht. »Bei der primären Heiterkeit zerstört das Lachen zwar alle Werte und Normen, ihr Feld ist eine unmenschliche, für die Menschen unerträgliche Wüste, wo man nur mystifizierte Mechaniken antrifft (...). Aber die Kehrseite des Lachens ist der integrierte Mensch: Das Recht auf Lachen wird nur den Nicht-Lächerlichen zugebil-

ligt; oder vielmehr, indem man lacht, macht man sich zum Nicht-Lächerlichen, *beweist* man, daß man würdig ist zu lachen.«[2]
Dieses wüste, primäre Lachen gibt es bei Tati nur selten: Er legt nicht die Bananenschale aus, damit jemand darüber stolpert, dem sich die Lacher dann überlegen fühlen können; Tati inszeniert den Blick der Lacher auf die Welt mit, die sadistische Vorfreude »gleich wird das Eis auf den Boden platschen«, »gleich wird der ahnungslose M. Hulot von einem Hündchen überrannt werden« – aber all das wird nicht passieren, und wir werden als Zuschauer mit einem Verzögerungseffekt in das leise aus den Bildern quellende Lachen Jacques Tatis einstimmen, ein Lachen über unwürdige Lacher. Die Verweigerung des ›primären Lachens‹ entstammt einer verschärften Rechtslage, das ›Recht auf Lachen‹ muß erst verdient werden.
Das ist die Kehrseite von Tatis Liebe zur Totale, die dem Zuschauer die Freiheit bietet, überall nach Bananenschalen Ausschau zu halten: die Falle der Negation. Die Distanz, die da geschaffen wird, ist nicht frei von elitären Zügen, nicht nur der freie Zugang aller zum Bild, sondern durchaus auch die Schaffung eines gewissen Überblicks, Vexierbilder des Komischen, das sich hinter der größtmöglichen Wahrscheinlichkeit verbirgt. Die Liebe Tatis zur Totale ist das Ergebnis einer Totalisierung zum System – zur privilegierten Kaste der Lacher findet nur der, der dieses System durchschaut. Das Hermetische, Geschlossene der Tatischen Bilderwelt hat François Truffaut in einer Kritik zu *Mein Onkel* mit Bewunderung und Anzeichen von Enerviertheit konstatiert: »Tatis Humor ist außerordentlich restriktiv, und sei's auch nur, weil er sich absichtlich auf Beobachtungshumor beschränkt und alle Einfälle ausscheidet, die der reinen Burleske verpflichtet sind. Innerhalb der Beobachtungskomik nimmt Tati noch eine zweite Zensur vor, er eliminiert das Unwahrscheinliche. Außerdem verbietet er sich alle Beobachtungen, die auf dem Charakter der Gestalten basieren, das heißt, die menschliche Beobachtung; er versagt sich die klassische Szenenfolge, den dramatischen Aufbau der Szenen und die psychologische Zeichnung der Figuren. Seine Komik richtet sich nur auf die Gegebenheiten des Alltagslebens, die leicht verschoben wurden, aber immer innerhalb glaubwürdiger Situationen bleiben. (...) Und so ist auch das Klappern von Madame Arpels Absätzen zu Beginn amüsant, aber zum Schluß regt es einen geradezu auf. Es

liegt nicht daran, daß Tati keine Gags mehr einfielen oder daß er immer an denselben Fäden zöge, sondern an seinem ästhetischen Konzept, seiner irrsinnigen Logik, die ihn zu einer total deformierten, nahezu obsessionellen Sicht der Welt führen. Je mehr er bemüht ist, sich dem Leben zu nähern, desto weiter entfernt er sich von ihm, denn das Leben ist nicht logisch (...), und letztlich schafft er so eine irre, alptraumhafte KZ-Welt, die das Lachen eher lähmt, als es entstehen zu lassen.«[3] Truffaut gehört zu den wenigen Kritikern, die nicht der zeitgenössischen These von Tati als Komiker des Neorealismus aufgesessen sind. Truffauts Kritik hat sich in gewissem Sinn sogar als prognostisch erwiesen: Die späteren Filme Tatis haben den Zug zum geschlossenen System noch verstärkt. Sein Traum war schließlich, die Figur des M. Hulot immer weiter untergehen zu lassen, in einem genau konstruierten Geflecht die Personalisierung und Individuierung der Figur ins Anonyme der Massen zu stoßen. In der Tat verschwinden die polaren Gegenwelten immer mehr, vom Quartier des M. Hulot bleibt in *Playtime* nur noch das in Hochhausfassaden eingespiegelte Motiv des ›pariserischen‹[4] Paris und seiner Wahrzeichen.

Was freilich in Truffauts überspannter und unpassender Metapher von der »KZ-Welt« verlorengeht, ist etwas anderes. In *Mein Onkel* existiert zwar eine manichäische Aufspaltung in die futuristische Zone und die traditionelle Lebenswelt eines intakten, kleinbürgerlichen Viertels, aber diese Differenz wird zunehmend eingezogen. In *Playtime* taucht die ›alte Welt‹ nur noch als Zitat am Straßenrand auf: die Blumenfrau an der verkehrumtosten Ecke; der Dienstmann, der M. Hulot kennt. Die Zeichen und kulturellen Symbole der ›alten Welt‹, des ›pariserischen‹ Paris nehmen in *Playtime* die Form von Suchbildern an, von versteckten Vexierbildern, Phantomen, Illusionen, die selber keinen materiellen Hintergrund, kein Referenzobjekt in der Wirklichkeit mehr haben. In der Tat sind die Touristenströme, die Tati durch die Bilder und Hochhausschluchten pumpt, auf der Suche nach der verlorenen, alten Welt – was sie finden, sind aber nur noch ihre Trugbilder, optische Täuschungen auf spiegelnden Glastüren, aufblitzende Postkartenbilder, von denen schon kaum mehr gesagt werden kann, ob sie wirkliche Gegenstände abbilden oder Projektionen von Stereotypen sind, touristische Halluzinationen. Unschwer ließen sich dergleichen Bildeinfälle

In ›Playtime‹ repräsentiert nur noch die Blumenfrau an der verkehrumtosten Ecke die »alte Welt«.

in ein Konzept radikaler Dekonstruktion einpassen. *Playtime* ist in vieler Hinsicht der ästhetisch radikalste Film von Tati. Es gibt keine Handlung mehr, keine Story, nur noch den Kreislauf der Dekonstruktion: der Mythos des modernen Paris frißt den Mythos vom alten Paris, am Ende trägt die deutsche Touristin im Autobus ein Kopftuch, das ihr M. Hulot geschenkt hat, auf dem die Wahrzeichen von Paris aufgedruckt sind; der Bus aber fährt mit den anderen Fahrzeugen im Kreis, auf dem Rücksitz eines Motorrads hebt und senkt sich eine junge Frau wie das Pferdchen eines Jahrmarktkarussells. In *Playtime* wird in gewisser Weise

Zeit stillgestellt, alte und neue Welt entfalten einen gemeinsamen Raum, laufen ineinander. Die Entwicklung Tatis läuft also von der Konstruktion einer Raum-Zeit-Achse wie in *Mein Onkel* zu einer gemeinsamen Raumkonstruktion, in der Zeit nicht mehr linear verläuft. Bereits in *Mein Onkel* gibt es Andeutungen einer solchen Reißverschluß-Konstruktion: aus dem alten Viertel kommen Onkel und Kind immer mit Verspätung in die neue Welt, im zeitlichen Sinn Zurückgebliebene, aber es gibt dort auch schon die Verschränkung durch Parallelisierung, wenn die Geräuschkulisse des Bistros über das Telefon ins funktionalistische Büro übertragen wird.

Der Ästhetik der Tatischen Filme von *Die Ferien des M. Hulot* bis zu *Playtime* liegt ein serielles, strukturelles Motiv zugrunde, ein musikalisches Kompositionsprinzip, das an die Cluster-Ästhetik neuer Musik erinnert. Es ist nicht mehr das Prinzip fortlaufender Entwicklung, sondern das eines raum-zeitlichen Nebeneinanders. Im Cluster wird die Zeitdimension auf einen Punkt zusammengestaucht und von dort aus das musikalische Material räumlich komponiert. Nicht viel anders geht Tati vor. Zeitliche Handlungsdramatik wird nicht mehr ausgeschöpft, sondern statt dessen wie in Eric Saties Tapetenmusik ein räumliches und zeitliches Nebeneinander organisiert. Die berühmte Heckenschnitt-Sequenz aus *Mein Onkel,* in der Hulot, durch einen zufällig abgebrochenen Ast veranlaßt, den Versuch unternimmt, die Raumsymmetrie wiederherzustellen durch Coupierung der anderen Äste, ist ein eminent optisches Motiv, das mit der Komplettierung solcher räumlichen Muster zu tun hat.

Eric Rohmer hat einmal in einem Vergleich der Chaplinschen und der Buster Keatonschen Ästhetik[5] herausgearbeitet, daß Chaplin seine Komik aus Situationen und Handlungen zieht, während Keaton auf optische, visuelle Witze setzt. Darin ist Tati sein Erbe, das macht Tati zu einem äußerst modernen Filmkomiker, der aus dem visuellen Material Komik herstellt und nicht aus der literarischen oder dramatischen Konstellation. Tatis Modernität beruht auf dem Primat der visuellen Konstruktion des Komischen, auf der Autonomisierung des Sichtbaren. Die Utopie des Sichtbaren ist gebunden an den Raum, an die Verfügungsgewalt über den Raum durch den Blick. Der Blick in Tatis Filmen ist omnipräsent, einer, dem nichts entgeht, auch wenn es sich am Rande abspielt, für ihn inszeniert er die Räume, in *Die*

›*Mein Onkel*‹: Hulot bricht versehentlich einen Ast ab und versucht, durch **Coupierung** der anderen Äste die Symmetrie wiederherzustellen

Ferien des M. Hulot einen sozialen und einen Naturraum. Die Freudsche Witztheorie basiert auf der Vorstellung, daß im Witz Lust freigesetzt wird, dadurch, daß Denkenergie, Aufwand, Arbeit durch Verkürzung und Verknappung eingespart wird. In gewisser Weise arbeitet Tati in seinen Konstruktionen des Komischen mit solchen Mechanismen der Verkürzung und Aussparung, indem ein energetisches Modell durch einen Blickaspekt verkürzt wird. In *Mein Onkel* gibt es eine sich wiederholende Sequenz, in der M. Hulot einen Kanarienvogel an einem gegenüberliegenden Fenster zum Singen animiert. In der Regel bringt man einen Vogel zum Singen, indem man ihm etwas vorpfeift, also einen körperlichen Aufwand betreibt. Genau diesen Mechanismus aber spart Tati ein: Durch das bloße Drehen der eigenen Fensterscheibe spiegelt er einen Lichtstrahl auf den Käfig, wodurch der Vogel zu singen beginnt. Statt des erwarteten physischen Aufwandes wird der immaterielle Blick zum Auslöser, eine winzige Bewegung genügt, um den bezweckten Effekt zu erreichen. Dennoch erweist sich die Konstruktion des Optischen als so aufwendig, in sich so rational und kalkuliert, daß Lachen nur in geringem Maße freigesetzt wird. In einer anderen Sequenz aber funktioniert ein optischer Einfall auf andere, weit komischere Weise. M. Hulot sitzt in einem Boot am Strand, neben sich ein Eimerchen Farbe, und streicht. Die Bewegung des Meeres nun schwemmt das Eimerchen weg, lenkt es in einem Strudel auf die andere Seite des Bootes, was Hulot zwar einen irritierten Blick, eine verzögerte Bewegung abnötigt, ihn aber in seinem verträumten Tun nicht hindert, weiter zu streichen. In dieser Sequenz sieht der Zuschauer mehr als Hulot, er sieht das Eimerchen fortschwimmen, er sieht die Irritation Hulots und schließlich die gelungene Auflösung. Komisch und lachen macht diese Sequenz, weil in ihr in der Tat erhebliche Energie eingespart wird, die Arbeit des genauen Blicks nämlich. Nur weil Hulot nicht sieht, was passiert, muß er den bequemen Automatismus seines Handelns nicht unterbrechen. Über diesen Erfolg können wir lachen. Der Blick selber als Element einer aktiven Handlung, als erkennende Wahrnehmung nämlich, wird lustgewinnend abgekürzt. Der vorausschauende Blick auf die komplexen Folgen wird positiv enttäuscht.

Das Spezifische an den Filmen Jacques Tatis ist aber nicht so sehr der komische Lacheffekt, den viele Komiker intendieren, spezifisch an Tatis Ästhetik des Komischen scheint mir eher der Verzicht auf eben diesen Affekt und Effekt zu sein. Das Eigentümliche und Irritierende an Tatis Filmen liegt genau in dem Schwebezustand, in dem sich die Komik bei ihm hält. Möglicherweise ist das eine Konsequenz aus dem Primat der visuellen Konstruktion. Das Visuelle ist ja selbst schon eine Fortentwicklung eines ursprünglich taktilen Bedürfnisses, ihm liegt schon eine Abstraktion zugrunde, die sich gegen die derbe Körperkomik der Slapstick-Comedy sperrt. Genaue Beobachtung, aktives Hinsehen, kurz eine gespannte Erwartung sind Voraussetzung, um Tatis Konstruktionen des Komischen überhaupt nachvollziehen zu können. Was ich eingangs als die Verweigerung des ›primären‹ Lachens als direkte körperlich-physische Reaktions- und Ausdrucksform beschrieben habe, wird bei Tati fast durchgängig durch ein wissendes Lächeln abgelöst. Obwohl Tatis Ruhm als populärer Komiker sich vor allem in Frankreich eher an konventionell-komischen Motiven herauskristallisiert hat, scheint mir der spezifische Beitrag Tatis zur Filmkomödie in einer anderen Dimension zu liegen.

Das Lächeln, das über den Filmen Tatis liegt und das sich dem Zuschauer mitteilt, ist von einer anderen Art als das Lachen. Das anarchische Lachen kündet von der Katastrophe, in der die elementare Beherrschung des Körpers zusammenbricht in einem konvulsivischen Zucken. Das Lächeln dagegen »reagiert auf die Situation und bestätigt sich selbst und zugleich dem anderen, daß man die Situation begreift und insofern ihre Bindung wieder gelockert hat. Es wird durch Lagen ausgelöst, aber es bezieht sich zugleich auf sie, es akzentuiert sie, doch gedämpft.«[6] Der eigentümliche »Charakter des Lächelns, den wir seine Distanziertheit, Verschwiegenheit, Verhaltenheit nannten: daß es im Ausdruck zum Ausdruck Abstand wahrt. (...) Erstes Ergebnis: ein Reichtum an motorischen Nuancen, die zu einer unübersehbaren Vielfalt von Regungen passen bzw. an sie angepaßt werden. Zweites Ergebnis: Im Ausdruck ist die Grenze zwischen natürlicher Gebärde und andeutender Geste fließend. Natur wird – Kunst. Die spontane Symbolik des Leibes wird zur Allegorie.«[7] Was Plessner hier in einer phänomenologisch-anthropologischen Analyse des Lächelns zutage gefördert hat, charakterisiert nicht schlecht den Ausdrucksgehalt der Tatischen Ästhetik. Ihre Vorliebe für das Allegorische vor dem Anarchischen, ihre Verhaltenheit und Lautlosigkeit, ihre Position des Allwissenden und alles Einsehenden. In *Trafic* gibt es eine Sequenz, in der nach einer Massenkarambolage in einem stummen Ballett die Menschen aus ihren beräderten Konservenbüchsen steigen und sich langsam anfangen zu strecken und aufzurichten. Eine allegorische, fast sakral zerdehnte Auferstehungsgeschichte. An solchen Motiven wird gerne das humanistische Potential des konservativen Kulturkritikers Tati festgemacht. Was sie anzeigen, ist freilich vielmehr die osmotische Schwachstelle, an der die allwissende Position als humanistische affirmativ gegen die Anarchie der Massen ausgespielt wird. Das idealistisch-humanistische Erbe Tatis wird zum Käfig des anarchischen Lachens. Seine Katastrophen enden nicht im Gelächter und im Schrecken, sondern wie in *Playtime* in Robinsonaden. Dort wo der Neubau schon wieder zerfällt, bilden sich Nischen, in denen die dirigierten Menschen wieder, wie der endlos gute Robinson, der aufgeklärte Wilde, beginnen, die Welt aufs neue einzurichten.

Derlei Ausdrucksgehalt und inhaltsästhetische Motive verdicken die luzide und fließend-serielle Modernität Tatis zu der Ideologie vom ›guten Menschen‹. Schleppendes Erbe der fünfziger Jahre, in denen Tati vor allem als Realist des ›Menschlichen‹ gefeiert wurde. Wären seine Filme darin auflösbar, lohnten sie der Mühe nicht mehr.

»Früher war der Metzger ein Mann mit einem Hemd voller Flecken. Heute trägt er einen weißen Overall wie ein Krankenpfleger. Die Welt wird zu einer riesigen Klinik. Aber (...) nach und nach werden sie dazu kommen, den modernen Dekor zu humanisieren. Unfälle werden passieren. Die Leute werden lachen.«[8] Der kulturkritische Anti-Modernismus, den Tati in einem Gespräch äußerte und den er als inhaltliches Motiv in seinen Film eingebaut hat (*Playtime* beginnt in der Tat auf einem Flughafen, der aussieht wie ein Krankenhausflur, und endet in der Robinsonade auf den Trümmern des technischen Fortschritts), wird freilich von ihm selbst konterkariert. Denn es läßt sich unter den Filmkomikern kaum ein größerer Präzisionsfanatiker, ein fanatischerer technischer Perfektionist denken als Tati. Der Komplexität seiner formalen Strukturen opfert Tati Teile seiner Ideologie, das macht seine Filme spannend. Das ist es, was einem traditionelleren und harmonistischeren Regisseur wie Truffaut an den Nerven zerrt.

›Trafic‹: Nach der Karambolage beginnen sich die Menschen langsam zu strecken und aufzurichten

Die offene Vorliebe für die sogenannten ›einfachen Leute‹, das humanistische Plädoyer für den Common sense der Lebenswelt, die Tati zur Schau trägt, basieren freilich nicht nur auf dem nostalgisch-verklärenden Blick auf intakte Verhältnisse, belassene Werte und Lebenszusammenhänge. In einem Interview hat Tati recht genau beschrieben, daß sein Blick auf Menschen und Verhältnisse ein ästhetischer ist, wenn er ihn zur Grundlage seiner Arbeit macht: »Und da habe ich plötzlich begriffen. Wie hatte ich dermaßen ehrgeizig sein können, daß ich die Leute zum Lachen bringen wollte, wo sie doch alle wunderbare Schauspieler waren, wo doch der geringste Passant mehr davon verstand als ich? An diesem Tag habe ich gesehen, wirklich gesehen – den Arbeiter, der die Ziegelsteine zuwirft, den anderen, der sie auffängt und verlegt, den Radfahrer, der die Zeitungen an die Kioske verteilt, den Händler, der seine Früchte darbietet, sie wiegt, einpackt und das Geld kassiert: die Präzision ihrer Gesten, ihre wunderbare Genauigkeit, die Sanftheit, die Leichtigkeit, die Sicherheit, all das, was eine Bewegung, eine Haltung von einem Menschen offenbaren können.«[9] Was Tati beschreibt, ist die Faszination am artistischen Gestus, an der tänzerischen Leichtigkeit, an der Exaktheit von Bewegungsabläufen. Was er beobachtet hat, ist nicht der pragmatische Arbeitsvorgang, sondern sind die körperlichen Gesten, die ihn begleiten, das Sichtbare, das Ästhetische daran. Das kehrt in der Tat in seinen Filmen wieder: die Intaktheit des alten Viertels, die Lebendigkeit des Marktes in *Mein Onkel,* das Haus mit den vielen ineinandergreifenden Treppen und überraschenden Fenstern, das jeden Gang zu einem visuellen Ereignis macht. Noch der Dackelschwanz, der durch Heben und Senken das elektronische Auge eines Garagentores steuert, ist Teil und Szenarium eines mechanischen Balletts, ein dadaistisches Mobile. Der avantgardistische Zug in Tatis Konstruktionen des Komischen verbindet sich mit den Traditionen des französischen Avantgardefilms eines Fernand Léger und René Clair, der in seinem Film *Entr'acte* mit dem Komponisten Eric Satie zusammengearbeitet hatte. Die Dominanz des formal-seriellen vor dem inhaltlichen und erzählerischen Motiv stellt Tati weit mehr in die französische Tradition der visuellen Groteske als in die Nähe der amerikanischen Slapstick-Komödianten. Das Auffangen situationskomischer Momente in einem strukturell-kompositorischen Verfahren regiert auch da noch, wo sie normalerweise Triumphe feiern: in der Verwechslung. In *Trafic* gibt es eine Sequenz, in der ein kleines Hündchen durch die Pforten der Automobilausstellung schlüpft und als erstes haltmacht vor einer schwarzen Limousine, die ein Arbeiter hingebungsvoll blank putzt mit einem Mob, der haargenau so aussieht wie das Hündchen. Wo andere Komiker Anlauf zu einer Verwechslungssituation genommen hätten, begnügt sich Tati mit der Inszenierung des neugierig-verwunderten Blicks des Hündchens auf sein merkwürdiges Double. Der kurze, erkennende Blick auf die formale Analogie, auf die Serialität genügt. Eine lächelnde Sequenz. Dasselbe Hündchen hält in einer anderen Sequenz für eine komische Verwechslung her: Eine Frau vertauscht das Hündchen mit einer Schaffelljacke, die sie so unter den Reifen des Autos legt, daß die Hundebesitzerin denkt, ihr Hündchen sei von ihr überfahren worden. Eine lachende, sadistische Sequenz. Tati verfügt über das Gesamtregister der Komik, aber das Hauptgeflecht seiner Filme besteht aus einem schwebenden Lächeln, das sich mitunter zum Lachen verdickt und verknotet.

Die ungeheure Sorgfalt und Erfindungsgabe, die Tati der Verwendung des Tons angedeihen läßt und die ihn zu einem wahren Pionier der Tonästhetik im Film gemacht hat, verweist auf die besondere Begabung Tatis für die serielle, kompositorische Struktur. Mit den Tönen verfährt er wie mit den Bildern, er verwebt sie zu einem Klangteppich, in dem sich ihr informativer Inhalt in ein ästhetisches Klangbild auflöst. Töne, Geräusche und Musik malen keine Stimmungsbilder, sondern liefern Musique concrète. Zusammen mit den animierten Maschinen, die aussehen, als hätte Tinguely sie entworfen, schafft Tati seine Version eines dadaistischen Gesamtkunstwerks, das populär und populistisch zu sein scheint, weil es aus alltäglichem Material, aus der vorgefundenen Objektwelt montiert ist.

Jacques Tati ist trotz seiner populistischen und kulturkonservativen Oberfläche, die gerne mit Tiefsinn verwechselt wird, der Modernist und Esoteriker unter den Filmkomikern.

Anmerkungen

1 Sigmund Freud, *Der Witz und seine Beziehung zum Unbewußten,* Gesammelte Werke Bd. VI, Frankfurt a. M., S. 217
2 Jean-Paul Sartre, *Der Idiot der Familie,* Bd. 2, Reinbek 1977, S. 183
3 François Truffaut, Jacques Tati, Mon oncle 1958, in: ders. *Aufsätze und Kritiken,* München 1976, S. 185 f.
4 vgl. hierzu die Konstruktion des Mythos bei Roland Barthes: »China ist eine Sache, die Vorstellung, die noch bis vor kurzem ein französischer Kleinbürger sich davon machen konnte, ist eine andere. Für diese spezifische Mischung aus Rikschas, Glöckchengeklingel und Opiumrauchen ist kein anderes Wort möglich als *Sinität.*« (Aus: R. Barthes, *Mythen des Alltags,* Frankfurt a. M. 1964, S. 101) Das ›Pariserische‹ dekonstruiert Tati, wenn er die touristischen Mythen und ›Wahrzeichen‹ als bloße Reflexe auf Scheiben und nicht mehr als Objekte der Wirklichkeit, als ›Sache‹ nimmt.
5 Eric Rohmer hat die Differenz in einem Vortrag, gehalten im Kommunalen Kino in Frankfurt a. M., herausgearbeitet anhand eines Beispiels, wo Buster Keaton einen Marterpfahl, an den ihn Indianer gebunden haben, aus dem Boden zieht und als Schlagwaffe, die an

seinem Rücken festgebunden ist, umfunktioniert. Durch die Kippung von der Senkrechten in andere Winkel wird der Marterpfahl, zuerst ein Motiv der Narration, zu einem graphischen Element.

6 Helmuth Plessner, Das Lächeln, in: ders., *Philosophische Anthropologie,* Frankfurt a. M. 1970, S. 181
7 a.a.O., S. 180
8 zitiert nach Penelope Gilliatt, *Jacques Tati,* London 1976, S. 35
9 zitiert nach A.-J. Cauliez, *Jacques Tati,* Cinéma d'aujour-d'hui, Paris 1962, S. 95

Filmographie

Kurzfilme

1932 **Oscar, champion de tennis**
(Oscar, der Tennischampion)
Buch: Jacques Tati, der selbst spielt.

1934 **On demande une brute**
Buch: Jacques Tati und Alfred Sauvy. Regie: Charles Barrois. Regieassistenz: René Clément. Mit Jacques Tati.

1935 **Gai dimanche**
(Fröhlicher Sonntag)
Buch: Jacques Tati, zusammen mit dem Clown Rhum. Regie: Jacques Berr. Mit Jacques Tati und Rhum.
Produktion: Atlantic Films. Länge: 33 Minuten.

1936 **Soigne ton gauche**
(Pflege deine Linke)
Buch: Jacques Tati. Regie: René Clément. Musik: Jean Yatove. Mit Jacques Tati. Produktion: Cady Films (Fred Orain). Länge: 20 Minuten.

1938 **Retour à la terre**
Buch: Jacques Tati, der selbst spielt.

1947 **L'École des facteurs**
(Schule der Briefträger)
Buch und Regie: Jacques Tati, der selbst spielt. Regieassistenz: Henri Marquet. Kamera: Louis Félix. Musik: Jean Yatove. Produktion: Cady Films (Fred Orain). Länge: 18 Minuten. Gewinner des *Max Linder Award for Best Short Comedy* 1949.

1967 **Cours du soir**
(Abendschule)
Buch: Jacques Tati. Regie: Nicolas Ribowski. Kamera: Jean Badal. Musik. Léo Petit. Mit Jacques Tati und Marc Monjou. Produktion: Specta Films. Länge: 30 Minuten.

Abendfüllende Spielfilme

1945 **Sylvie et le fantôme**
(Sylvia und das Gespenst)
Regie: Claude Autant-Larat. Tati als Gespenst.

1946 **Le Diable au corps**
(Teufel im Leib/Stürmische Jugend)
Regie: Claude Autant-Larat. Tati in der Rolle eines Mitgliedes der Soldatengruppe; weitere Szenen, in denen er auftrat, wurden gestrichen.

1949 **Jour de fête**
(Tatis Schützenfest)
Buch: Jacques Tati, Henri Marquet und René Wheeler. Regie: Jacques Tati. Ausstattung: René Moulaert. Kamera: Jacques Mercaton und Marcel Franchi. Musik: Jean Yatove. Schnitt: Marcel Moreau. Produktion: Cady Films (Fred Orain). Bearbeitung der englischen Fassung von Borrah Minnevitch und Vertrieb von Arthur Mayer und Edward Kingsley.
Darsteller: Jacques Tati (François, der Postbote), Guy Decomble (Roger, der Zirkusbesitzer), Paul Frankeur (Marcel, ein Zirkushelfer), Santa Relli (alte Dame, Rogers Frau), Maine Vallee (Jeanette, junges Mädchen), Roger Rafal (Barbier), Beauvais (Cafébesitzer), Delcassan (Kinoleiter) und die Einwohner von Sainte-Sévère-sur-Indre. Gewinner des Preises für das beste Drehbuch beim Filmfestival in Venedig 1949 und des *Grand Prix du Cinéma* 1950.

1953 **Les Vacances de Monsieur Hulot**
(Die Ferien des Monsieur Hulot)
Buch: Jacques Tati und Henri Marquet unter Mitarbeit von P. Aubert und J. Lagrange. Regie: Jacques Tati. Ausstattung: R. Briancourt und H. Schmitt. Kamera: Jacques Mercanton und Jean Mousselle. Musik: Alain Romans. Schnitt: Baron, Bretoneiche und Grassi. Künstlerische Beratung: Henri Marquet. Produktion: Cady Films (Fred Orains) und *Discina et Éclair Journal.*
Darsteller: Jacques Tati (Herr Hulot), Nathalie Pascaud (Martine), Louis Perrault (Fred), Michèle Rolla (Martines

Tante), André Dubois (Kommandant), Suzy Willy (Frau des Kommandanten), Valentine Camax (englische Frau), Lucien Frégis (Hotelbesitzer), Marguerite Gérard (Spaziergängerin), René Lacourt (Spaziergänger), Raymond Carl (Knabe), Michèle Brabo (Urlauberin), Georges Adlin (Südamerikaner).

Gewinner des Internationalen Kritikerpreises beim Filmfestival in Cannes 1953, des *Femina*-Preises und des *Louis Delluc Award* 1953.

1958 **Mon oncle**

(Mein Onkel)

Buch: Jacques Tati unter Mitarbeit von Jacques Lagrange und Jean L'Hote. Regie: Jacques Tati. Ausstattung: Henri Schmitt. Kamera: Jean Bourgoin. Regieassistenz: Henri Marquet und Pierre Etaix. Musik. Frank Barcellini und Alain Romans. Ton: Jacques Carrère. Schnitt: Suzanne Baron. Produzent: Bernard Maurice. Produktion: Fred Orain, Specta Films, Gray Film, Alter Films (Paris). Coproduktion: L. Dolivet und A. Térouanne. Studio: Nizza (La Victorine). Drehorte: Créteil und Saint-Maur-des-Fossés.

Darsteller: Jacques Tati (Herr Hulot), Jean-Pierre Zola (Herr Arpel), Adrienne Servantie (Frau Arpel), Alain Bécourt (Gérard), Lucien Frégis (Richard), Dominique Marie (Nachbarsfrau), Betty Schneider (Tochter des Hausbesitzers), J. F. Martial (Walter), André Dino (Straßenkehrer), Max Martel (Betrunkener), Yvonne Arnaud (Hausmädchen der Arpels), Claude Badolle (Trödelhändler), Nicolas Bataille (Arbeiter), Régis Fontenay (Hosenträgerverkäufer), Adélaide Danielli (Frau Pichard), Denise Péronne (Fräulein Février), Michel Goyot (Autoverkäufer), Francomme (Maler), Dominique Derly (Herrn Arpels Sekretärin), Claire Rocca (Frau Arpels Freundin), Jean Rémoleux (Kunde in der Fabrik), Mancini (italienischer Geschäftsmann), René Lord, Nicole Regnault, Jean Meyet, Suzanne Franck, Loriot und die Einwohner des alten Pariser Stadtteils Saint-Maur.

Gewinner des Spezial-Jury-Preises beim Filmfestival von Cannes 1958, des *New York Film Critic's Award* 1959 und des *Academy Award* für den besten ausländischen Film des Jahres 1959.

1967 **Playtime**

(Tatis herrliche Zeiten)

Buch und Regie: Jacques Tati. Künstlerische Mitarbeit: Jacques Lagrange. Englische Dialogregie: Art Buchwald. Architekturausstattung: Eugène Roman. Kamera: Jean

Badal und Andreas Winding (Kameramänner: Paul Rodier und Marcel Franchi). Musik: Francis Lemarque (»Take My Band« von David Stein, afrikanische Themen von James Campbell). Ton: Jacques Maumont. Schnitt: Gérard Pollicand. Produzent: Bernard Maurice. Produktion: Specta Films. Coproduzent: René Silvera.

Darsteller: Jacques Tati (Herr Hulot) und, in der Reihenfolge ihres Auftretens, die weiblichen Figuren: Barbara Dennek (junge Touristin), Jacqueline Lecomte (ihre Freundin), Valérie Camille (Herrn Lucs' Sekretärin), France Rumilly (Brillenverkäuferin), France Delahalle (Einkäuferin im Warenhaus), Laure Paillette und Colette

Proust (zwei Frauen bei der Lampe), Erika Denztler (Frau Giffard), Yvette Ducreux (Hutgarderobiere), Rita Maiden (Herrn Schultz' Begleiterin), Nicole Ray (Sängerin), Luce Bonifassy, Evy Cavallaro, Alice Field, Eliane Firmin-Didot, Ketty France, Nathalie Jam, Oliva Poli, Sophie Wennek.

Die männlichen Rollen: Jack Gauthier (Führer), Henri Piccoli (ein wichtiger Herr), Léon Doyen (Türsteher), Georges Montant (Herr Giffard), John Abbey (Herr Lucs), Reinhart Kolldehoff (deutscher Geschäftsmann), Grégory Katz (deutscher Handelsvertreter), Marc Monjou (der falsche Hulot), Yves Barsacq (Freund), Tony Andal (Page im Royal Garden), André Fouché (Geschäftsführer), Georges Faye (Architekt), Michel Fancini (erster Maître d'), Billy Kearns (Herr Schultz), Bob Harley, Jacques Chauveau, Douglas Reard (Gäste im Royal Garden), François Viaur (der unglückliche Ober), Gilbert Reeb (ein anderer Ober), Billy Bourbon (Barkeeper).

Gewinner des *Grand Prix de l'Académie* du Cinéma, des *Étoile de Cristal* 1968, des dänischen *Academy Award* für den besten europäischen Film des Jahres 1969 und des *Prix d'Argent* beim Moskauer Filmfestival 1969.

1971 **Trafic**

(Trafic)

Buch: Jacques Tati unter Mitarbeit von Jacques Lagrange. Regie: Jacques Tati. Ausstattung: Adrien de Rooy. Musik: Charles Dumont. Kamera: Andreas Winding. Produktion: Robert Dorfmann. Films Corona (Paris), Gibé Films und Oceania Films (Rom). US-Verleih: Columbia Pictures.

Darsteller: Jacques Tati (Herr Hulot), Maria Kimberly (Maria), Marcel Fraval (Marcel, Lastwagenführer), Honoré Bostel, François Maisongrosse, Tony Kneppers.

1973 **Parade**

Buch und Regie: Jacques Tati. Regieassistenz: Marie-France Siegler. Kamera: Jean Badal und Gunnar Fischer (Kameramänner: René Chabal, Jens Fischer, Bengt Nordwall). Ton: Jean Neny. Schnitt: Sophie Tatischeff, Per Carlesson, Siv Lundgren, Jonny Mair und Aline Fress. Künstlerische Beratung: François Bronett. Musik: Charles Du-

mont. Musikzusammenstellung: Armand Migiani (»Tax Free« von Jan Carlsson). Werbegrafik: Jacques Lagrange. Produktion: Gray Film, Sveriges Radio und CEPEC. Produzenten: Louis Dolivet, Michel Chauvin. Leitender Produzent: Karl Haskel.
Darsteller: Jacques Tati (Herr Loyal), Karl Kossmayer und sein Maulesel, die Williams, die Vétérans, die Sipoloes, Pierre Bramma, Michèle Brabo, Pia Colombo, Hall, Norman und Ladd, Les Argentinos, Johnny Lonn, Bertilo, Jan Swahn, Bertil Berglund, Moniqa Sunnerberg.
Gewinner der Goldmedaille beim Kinderfilm-Wettbewerb des Moskauer Filmfestivals 1975.

Anmerkungen

Kapitel: Zur Einführung

1 »Interview with Tati«, in: *Les Nouvelles Littéraires,* 28. Dezember (1967)
2 Stanley Kauffmann, *New Republic,* 21. Juli (1973), S. 24
3 Basil Wright, *The Long View,* New York 1974, S. 263
4 Penelope Houston, »Conscience and Comedy«, in: *Sight and Sound* (1959), S. 161
5 Hazel Flynn, *Beverly Hills Citizen,* 28. Januar (1959)

Kapitel: Tati und sein filmisches Erbe

6 Georges Sadoul, *French Film,* London 1953, S. 12
7 Sadoul, ebd., S. 13
8 Armand J. Cauliez, *Jacques Tati,* Paris 1968, S. 35
9 Basil Wright, *The Long View,* New York 1974, S. 263
10 Walter Kerr, *The Silent Clowns,* New York 1975, S. 78
11 Cauliez, a.a.O., S. 19
12 Gerald Mast, *The Comic Mind,* New York 1973, S. 293
13 Kerr, a.a.O., S. 118
14 ebd., S. 117
15 Philip Strick, *Films and Filming,* Mai (1962), S. 51
16 Kerr, a.a.O., S. 265
17 ebd., S. 268
18 ebd., S. 48

Kapitel: Tatis Entwicklung

19 Penelope Gilliatt, *New Yorker,* 28. August (1971)
20 Kevin Thomas, »Jacques Tati: Silent Comedy Heir«, in: *Los Angeles Times,* 24. November (1972)
21 Colette, *Le Journal,* Juli (1936)
22 Thomas, a.a.O.
23 Armand J. Cauliez, *Jacques Tati,* Paris 1968, S. 11
24 Georges Sadoul, *The French Film,* London 1953, S. 63
25 Roy Armes, *French Film,* New York 1970, S. 35
26 Arthur Knight, *The Liveliest Art,* New York 1957, S. 154–55
27 Cauliez, a.a.O., S. 36
28 Claude Beylie, »Tati inconnu«, in: Cinéma 57, no. 23 (1957), zit. nach Philip Strick, *Films and Filming,* Mai (1962), S. 49
29 Philip Strick, *Films and Filming,* Mai (1962), S. 49
30 ebd., S. 49
31 Claude Beylie, zit. nach Cauliez, *Jacques Tati,* S. 150–51
32 ebd., S. 150

33 ebd., S. 151–52
34 ebd., S. 152
35 ebd.

Kapitel: Der erste Spielfilm

36 *New York Times,* 20. Februar (1952)
37 ebd.
38 *News Chronicle,* zit. nach: Strick, S. 53
39 *London Daily Mail,* zit. nach: Strick, S. 53
40 Georges Sadoul, *French Film,* London 1953, S. 123
41 *Time,* 31. März (1952), S. 102
42 Philip Strick, *Films and Filming,* Mai (1962), S. 53
43 Dilys Powell, *Sunday Times* (London), 20. Februar (1952)
44 Strick, a.a.O., S. 53
45 ebd.
46 C. A. Lejeune, zit. nach: Strick, S. 53
47 Matthew Norgate, zit. nach: Strick, S. 53
48 Sadoul, a.a.O., S. 119
49 ebd., S. 121
50 *New York Times,* 20. Februar (1952)
51 Roy Armes, *French Cinema Since 1946,* vol. I, *The Great Tradition,* Cranbury, N. J. 1966, 1970

Kapitel: Wie M. Hulot entstand

52 Philip Strick, *Films and Filming,* Mai (1962), S. 51
53 Walter Kerr, *The Silent Clowns,* New York 1975
54 Jacques Tati, zit. nach: Penelope Gilliatt, *New Yorker,* 27. Januar (1973), S. 40
55 Tati, zit. nach: Armand J. Cauliez, *Jacques Tati,* Paris 1968, S. 9
56 Philip Strick, *Films and Filming,* Mai (1962), S. 51
57 Penelope Gilliatt, *New Yorker,* 28. August (1971)
58 Roy Armes, *French Cinema Since 1946,* vol. I, *The Great Tradition,* Cranbury, N. J. 1966, 1970
59 Tati, zit. nach: Mary Blume, *Los Angeles Times,* 6. September (1970)
60 Gerald Mast, *The Comic Mind,* New York 1973, S. 295
61 Tati, zit. nach: *Films and Filming,* August (1957), S. 15
62 Tati, zit. ebd.
63 André Bazin, *Qu'est-ce-que le Cinéma?,* vol. I, Paris 1958
64 ebd.
65 Gilliatt, *New Yorker,* 28. August (1971)

Kapitel: Die Ferien des M. Hulot

66 Jacques Tati, zit. nach: Edwin Schallert, »Even Other Comics Ask, ›Who's Tati?‹«, in: *Los Angeles Times,* 13. März (1955)

67 Tati, zit. nach: Schallert, a.a.O.
68 Brief von Alain Romans an den Autor, Paris, 23. Februar 1976
69 Flanner, a.a.O.

Kapitel: Mein Onkel

70 Armand J. Cauliez, *Jacques Tati,* Paris 1968, S. 49
71 Tati, zit. ebd., S. 10
72 Philip Strick, *Films and Filming,* Mai (1962), S. 53
73 Cauliez, a.a.O., S. 30
74 Cauliez, a.a.O., S. 41
75 Penelope Houston, »Conscience and Comedy«, in: *Sight and Sound* (1959), S. 162
76 Houston, a.a.O., S. 162
77 Pierre Marcabru, »Jacques Tati contre l'ironie française«, in: *Arts,* 8. März (1961)

Kapitel: Playtime

78 *Daily Variety,* 6. April (1959)
79 *Weekly Variety,* 6. November (1963)
80 A. H. Weiler, *New York Times,* 10. Januar (1965)
81 Jacques Tati, zit. nach: Hazel Flynn, *Beverly Hills Citizen,* 28. Januar (1959)
82 Walter Kerr, *The Silent Clowns,* New York 1975, S. 250
83 Tati, zit. nach: Jonathan Rosenbaum, *Film Comment,* Mai/Juni (1973), S. 40
84 Roy Armes, *French Cinema Since 1946,* vol. I, *The Great Tradition,* Cranbury, N. J. 1966, 1970, S. 151
85 Jean L'Hote, *Cinéma 56,* no. 19
86 Cauliez, a.a.O., S. 71
87 Mary Blume, *Los Angeles Times,* 6. September (1970)
88 Penelope Gilliatt, *The New Yorker,* 27. Januar (1973), S. 42
89 Rosenbaum, a.a.O., S. 41
90 Tati, zit. nach: Rosenbaum, S. 34
91 Tati, zit. ebd., S. 40
92 Dale, a.a.O., S. 31
93 Tati, zit. nach: Cauliez, S. 73
94 Rosenbaum, a.a.O., S. 36
95 Tati, zit. nach: Rosenbaum, S. 40

Kapitel: Trafic

96 James Monaco, *Take One,* vol. 3, no. 11 (September 1973), S. 40
97 Roy Armes, *French Film,* New York 1970, S. 84
98 Monaco, a.a.O., S. 43
99 R. C. Dale, *Film Quarterly,* no. 2 (1972–73), S. 31

Kapitel: Tatis Filme als Antwort ...

100 Penelope Gilliatt, *The New Yorker,* 28. August (1971)
101 R. C. Dale, *Film Quarterly,* no. 2 (1972–73), S. 31
102 Jacques Tati, zit. nach: Jonathan Rosenbaum, *Film Comment,* Mai/Juni (1973), S. 40
103 Tati, zit. ebd., S. 41
104 Tati, zit. nach: Penelope Gilliatt, *The New Yorker,* 27. Januar (1973), S. 41

Kapitel: Tatis Filme als Spiegel ...

105 R. C. Dale, *Film Quarterly,* no. 2 (1972–73), S. 31
106 Gilliatt, a.a.O.

Kapitel: Tatis Welt

107 André Bazin, *Qu'est-ce-que le Cinéma?,* vol. I, Paris 1958
108 Jonathan Rosenbaum, *Film Comment,* Mai/Juni (1973), S. 36
109 Basil Wright, *The Long View,* New York 1974, S. 264
110 Jacques Tati, zit. nach: Jonathan Rosenbaum, *Film Comment,* Mai/Juni (1973), S. 41
111 Roy Armes, *French Film,* New York 1970, S. 85
112 Tati, zit. nach: Rosenbaum, S. 40

Kapitel: Tatis Komödienstil

113 Armand J. Cauliez, *Jacques Tati,* Paris 1968, S. 39
114 Gerald Mast, *The Comic Mind,* New York 1973, S. 7
115 Cauliez, a.a.O., S. 32
116 Stanley Kauffmann, *The New Republic,* 21. Juli (1973), S. 24
117 Roy Armes, *French Cinema Since 1946,* vol. I, *The Great Tradition,* Cranbury, N. J. 1966, 1970, S. 155
118 Penelope Gilliatt, *The New Yorker,* 28. August (1971)
119 Roger Manville, *New Cinema in Europe,* New York 1966, S. 92–93

Kapitel: Filmtechnische Aspekte

120 Jacques Tati, zit. nach: Jonathan Rosenbaum, *Film Comment,* Mai/Juni (1973), S. 39
121 James Monaco, *Take One,* vol. III, no. 11 (September 1973), S. 41
122 Tati, zit. nach: Roy Armes, *French Cinema Since 1946,* vol. I, *The Great Tradition,* Cranbury, N. J., 1966, 1970, S. 155
123 *Weekly Variety,* 6. November (1963)
124 Monaco, a.a.O., S. 41
125 Tati, zit. nach: Armes, vol. I, S. 153
126 Tati, zit. nach: Rosenbaum, S. 39
127 Tati, zit. ebd.

Kapitel: Musik

128 Brief von Alain Romans an den Autor, Paris, 23. Februar 1976
129 Brief von Francis Lemarque an den Autor, La Varenne-St.-Maur, Frankreich, 24. Februar 1976
130 Jacques Tati, zit. nach: Penelope Gilliatt, *The New Yorker,* 27. Januar (1973)
131 Brief von Romans
132 Brief von Lemarque
133 Brief von Frank Barcellini an den Autor, Paris, 17. März 1976
134 Brief von Jean Yatove an den Autor, St. Cloud, Frankreich, 21. Februar 1976
135 Brief von Romans
136 Brief von Lemarque

Confusion

137 Hazel Flynn, *Beverly Hills Citizen,* 28. Januar (1959)
138 Harold Hildebrand, *Los Angeles Examiner,* 18. Januar (1959)
139 Brief von Robert Levinson an den Autor, Hollywood, Kalif., 28. Oktober 1975
140 Jacques Tati, Drehbuchentwurf für *Confusion,* April 1975
141 ebd.
142 ebd.

Bibliographie

Bücher

Armes, Roy, *French Cinema Since 1946,* vol. I: *The Great Tradition,* Cranbury, N. J. 1966, 1970
Armes, Roy, *French Film,* New York 1970
Bazin, André, *Collection »7e Art.«,* vol. I: *Qu'est ce-que le cinéma?,* Paris 1958
Cauliez, Armand J., *Jacques Tati,* Paris 1968
Kerr, Walter, *The Silent Clowns,* New York 1975
Manville, Roger, *New Cinema in Europe,* New York 1966
Mast, Gerald, *The Comic Mind,* New York 1973
Sadoul, Georges, *The French Film,* London 1953
Wright, Basil, *The Long View,* New York 1974

Aufsätze

Blume, Mary, »Tati Back in Comic Mood for Latest Hulot Film«, in: *Los Angeles Times,* 6. Sept. (1970)
Dale, R. C., »Playtime and Traffic, Two New Tati's«, in: *Film Quarterly,* no. 2 (1972–73), S. 31
Flanner, Janet (Genet) [Pseud.], »Letter from Paris« in: *The New Yorker,* 12. Sept. (1953)
Flynn, Hazel, *Beverly Hills Citizen,* 28. Jan. (1959)
»French Comedy Writer Sees Tele Making All Future Pix Big Scale«, in: *Weekly Variety,* 6. Nov. (1963)
Gilliatt, Penelope, »The Current Cinema«, in: *The New Yorker,* 28. Aug. (1971)
Gilliatt, Penelope, »Profiles«, in: *The New Yorker,* 27. Jan. (1973)
Hildebrand, Harold, »U. S. Films May Acquire a New Dimension: Tati«, in: *Los Angeles Examiner,* 18. Jan. (1959)
Houston, Penelope, »Conscience and Comedy«, in: *Sight and Sound* (1959), S. 161
Kauffmann, Stanley, »Stanley Kauffmann on Films«, in: *New Republic,* 21. Juli (1973), S. 24
Knight, Arthur, »One Man's Movie«, in: *Saturday Review,* 19. Juni (1954)
L'Hote, Jean, *Cinéma 56,* No. 19
Marcabru, Pierre, »Jacques Tati contre l'ironie française«, *Arts,* 8. März (1961)
Monaco, James, »Oldies But Goodies, Materialist Farce: Jacques Tati's ›Traffic‹ and ›Playtime‹«, in: *Take One,* III, no. 11, Sept. (1972), S. 40
Powell, Dilys, »A Laugh at Last«, in: *Sunday Times,* London, 20. Febr. (1952)

Rosenbaum, Jonathan, »Tati's Democracy«, in: *Film Comment,* Mai/ Juni (1973) S. 36–41

Schallert, Edwin, »Even Other Comics Ask, ›Who's Tati?‹«, in: *Los Angeles Times,* 13. März (1955)

Strick, Philip, »Jour de Fête«, in: *Films and Filming,* Mai (1962) S. 51

»Tati (Hulot) Wants to Make Films Here, But with Control«, in: *Daily Variety,* 6. April (1959)

Thomas, Kevin, »Jacques Tati: Silent Comedy's Heir«, in: *Los Angeles Times,* 24. Nov. (1972)

Weiler, A. H., »It's Tati Time in Paris«, in: *New York Times,* 10. Jan. (1965)

Unveröffentlichte Schriften

Brief von Frank Barcellini (Komponist der Musik von *Mein Onkel*), Paris, 17. März 1976

Brief von Francis Lemarque (Komponist der Musik von *Playtime*), La Varenne-St.-Maur, Frankreich, 24. Februar 1976

Brief von Robert Levinson (Produzent), Hollywood, Kalifornien, 28. Oktober 1975

Brief von Alain Romans (Komponist der Musik von *Die Ferien des M. Hulot* und *Mein Onkel*), Paris, 23. Februar 1976

Brief von Jean Yatove (Komponist der Musik von *Tatis Schützenfest),* St. Cloud, Frankreich, 21. Februar 1976

Tati, Jacques, *Confusion,* Filmprojekt, April 1975

Bildnachweis

Alle Abbildungen stammen aus dem Filmarchiv Robert Fischer, außer den Abbildungen auf S. 19 (Tobis), 21 (Atlas Filmverleih GmbH), 31 (Tobis)

Register

A

A nous la liberté (Es lebe die Freiheit) 38
Adieu Léonard 51
L'Affaire est dans le sac (Das Ding ist geschaukelt) 51
Agel, Geneviève 10
Alphaville 115
Der Angelausflug (Sketch) 36
Arbuckle, Fattie 40
Armes, Roy 38, 52, 58, 103, 119, 141, 146
Autant-Lara, Claude 43

B

Barcellini, Frank 162
Barrois, Charles 40
La Bataille du rail (Schienenschlacht) 50
Bazin, André 10, 62, 139
Becourt, Alain 82
Bergman, Ingmar 167
Bergson, Henri 174
Beylie, Claude 40ff
The Big Kick 28
Blume, Mary 104
The Boat 25
Boudu – Aus den Wassern gerettet (Boudu sauvé des eaux) 38ff
Brooks, Mel 165
Bruegel, Pieter 106

C

Les Cahiers du Cinéma (Zeitschrift) 10
Calinoconis (TV-Serie) 15
Campbell, Eric 143
Campbell, James 112, 163
Carrière, Jean-Claude 10
Cauliez, Armand J. 10, 18, 21, 40, 64, 78, 80, 88, 92, 98, 103, 112, 144f
Chaplin, Charlie 7f, 10, 15–22, 24f, 27, 30, 32–35, 38, 40, 42, 47f, 53f, 56, 58, 61f, 68, 88, 131, 139f, 142f, 148, 156, 159, 165f, 173, 178
Chase, Charles 47
Chevalier, Maurice 36
City Lights (Lichter der Großstadt) 40
Clair, René 37ff, 92, 165, 184
Clément, René 40f, 50
Die Clowns 64
Colette, Sidonie-Gabrielle 37
Confusion (Filmprojekt) 169f
Cops 26
Cousin, Cousine 166
Le Crime de Monsieur Lange (Das Verbrechen des Herrn Lange) 38

D

Dale, R.C. 112, 130, 132, 136
Deed, André 15
Dennek, Barbara 104
Le dernier milliardaire 38
Deux ou trois choses que je sais d'elle 115
Le Diable au corps (Teufel im Leib/Stürmische Jugend) [1946] 43
Das Ding ist geschaukelt (L'Affaire est dans le sac) 51
Dumont, Charles 126, 163

E

L'École des facteurs (Schule der Briefträger) [1947] 43, 52
Eisenstein, Sergej 21
Entr'acte 184
Es lebe die Freiheit (A nous la liberté) 38
Etaix, Pierre 10

F

Feet First 32
Fellini, Federico 64, 167
Die Ferien des Monsieur Hulot (Les Vacances de Monsieur Hulot) [1953] 8, 10, 22, 25f, 29, 32f, 36, 40, 42f, 46, 48, 54, 56ff, 60ff, 63–77, 78, 80, 88, 90, 96, 98, 100, 103, 110, 112, 120, 130, 135f, 138, 140f, 145ff, 150, 152f, 156, 158f, 161–164, 174, 178, 180
Feuillade, Louis 15, 38
Fields, W.C. 173
Film Comment (Zeitschrift) 10
Flanner, Janet 77
Flynn, Hazel 168
Fraval, Marcel 119
Frégis, Lucien 67, 91
French Cinema Since 1946 (Buchtitel) 52
The Freshman 32
Freud, Sigmund 180
Fröhlicher Sonntag (Gai dimanche) [1935] (Kurzfilm) 40

G

Gai dimanche (Fröhlicher Sonntag) [1935] (Kurzfilm) 40
Gaulle, Charles de 47
Der General 21f
Gilliatt, Penelope 10, 36, 58, 62, 104, 132, 137, 147
Godard, J.L. 115
Griffith, D.W. 8, 21, 96, 98
Der große Blonde mit dem schwarzen Schuh 166
Der große Diktator 166
Guitry, Sacha 92

H

Hildebrand, Harold 168
Hot Water 32
Houston, Penelope 9, 88

I

Intolerance 98

J

Jour de fête à l'Olympia (Show) 37
Jour de fête (Tatis Schützenfest) [1949] 8, 17, 37, 42f, 45ff, 49–52, 63f, 75f, 86, 98, 103, 120, 138, 147, 149, 156f, 162, 168
Le Journal (Zeitschrift) 37

K

Kauffmann, Stanley 9, 146
Keaton, Buster 7, 15, 17, 21–27, 30, 32–35, 37, 42, 53f, 56, 58, 68, 139f, 143, 147, 165, 173, 178
Kerr, Walter 15, 19, 26, 28, 30, 34, 53, 98, 145
Kimberly, Maria 116, 119f
Kneppers, Tony 119
Knight, Arthur 38
The Knockout 40
Koch, Gertrud 173–186
Kubrick, Stanley 8

L

Das Lachen (Le Rire) (Buchtitel) 174
Lang, Fritz 132
Langdon, Harry 27–30, 33, 42, 53, 58, 61, 147, 165
Laurel & Hardy 173
Laurel, Stan 35
Léger, Fernand 184
Lejeune, C.A. 48
Lelouch, Claude 166
Lemarque, Francis 112, 161f, 164
Levinson, Robert 169
L'Hote, Jean 103
Lichter der Großstadt (City Lights) 40
Linder, Max 15f, 19, 21, 36, 38, 56, 165

Lloyd, Harold 7, 25, 27, 30–35, 40, 53, 58, 143, 154, 165
London Sunday Times (Zeitung) 48
Loren, Sophia 100
The Love Nest 22

M

Manvell, Roger 154
Marcabru, Pierre 92
Marceau, Marcel 9
Marie, Dominique 89
Marquet, Henri 43
Marx, Harpo 173
Mast, Gerald 60, 145
Mein Onkel (Mon oncle) [1958] 8, 10, 13, 23, 27, 29, 35, 42, 49f, 58f, 62, 74, 78–93, 95, 98, 103, 110, 130, 132f, 135f, 138, 141, 144, 147ff, 151, 162f, 167f, 174ff, 178ff, 184
Méliès, Georges 15
Le Million 38
Moderne Zeiten 18ff, 159
Mon oncle (Mein Onkel) [1958] 8, 10, 13, 23, 27, 29, 35, 42, 49f, 58f, 62, 74, 78–93, 95, 98, 103, 110, 130, 132f, 135f, 138, 141, 144, 147ff, 151, 162f, 167f, 174ff, 178ff, 184
Monaco, James 115, 122, 157f
Money, Money, Money 166
Monsieur Verdoux 166

N

New York Times (Zeitung) 43, 45, 52, 95
New Yorker (Zeitschrift) 77
The News Chronicle (Zeitschrift) 46
Norgate, Matthew 49
North, Steven 169

O

On demande une brute [1934] 40
Onésime (TV-Serie) 15

Orain, Fred 50
Oscar, champion de tennis (Oscar, der Tennischampion) [1931] (Kurzfilm) 40

P

Pascaud, Nathalie 74, 76
Pflege deine Linke (Soigne ton gauche) [1936] 41f
Pils, Jacques 50
Playtime (Tatis herrliche Zeiten) [1967] 8, 10, 13, 18, 23–26, 49, 58, 62, 64, 76, 90, 95–114, 115, 118, 122, 130, 132, 135f, 138, 141, 144, 146, 148ff, 152, 154, 157, 159, 161–164, 166f, 176ff, 182
Plessner, Helmuth 181
Powell, Dilys 48
Prévert, Brüder 51
Purviance, Edna 143

R

Renoir, Jean 38, 40, 50, 165
Retour à la terre [1938] 42
Rhum (Clown) 41
Le Rire (Das Lachen) (Buchtitel) 174
Rohmer, Eric 178
Rolla, Michelle 74
Roma 64
Romans, Alain 74f, 161f
Rosenbaum, Jonathan 10, 113, 139

S

Sadoul, Georges 15, 37f, 46, 50f
Satie, Eric 178, 184
Satyricon 64
Sauvy, Alfred 40
Schienenschlacht (La Bataille du rail) 50
Schneider, Betty 137
Schule der Briefträger (L'École des facteurs) [1947] 43, 52

Schweigen ist Gold (Le Silcence est d'or) 38f
Sennett, Mack 16, 35, 40, 46, 52, 56
Servantie, Adrienne 87
Sight and Sound (Zeitschrift) 9
Le Silence est d'or (Schweigen ist Gold) 38f
The Silent Clowns (Buchtitel) 15, 19, 26
Silent Movie 165
Simon, Michel 39
Soigne ton gauche (Pflege deine Linke) [1936] 41f
Sous les toits de Paris (Unter den Dächern von Paris) 38
Steamboat Bill Jr. 24
Stein, David 112, 163
Die Straßenbahnfahrt (Sketch) 36
Strick, Philip 28, 41, 46ff, 53, 57, 78
Sylvia und das Gespenst (Sylvie et le fantôme) [1945] 43
Sylvie et le Fantôme (Sylvia und das Gespenst) [1945] 43

T

Taschengeld 166
Tati parmis nous (Buchtitel) 10
Tatis herrliche Zeiten (Playtime) [1967] 8, 10, 13, 18, 23–26, 49, 58, 62, 64, 76, 90, 95–114, 115, 118, 122, 130, 132, 135f, 138, 141, 144, 146, 148ff, 152, 154, 157, 159, 161–164, 166f, 176ff, 182
Tatis Schützenfest (Jour de fête) [1949] 8, 17, 37, 42f, 45ff, 49–52, 63f, 75f, 86, 98, 103, 120, 138, 147, 149, 156f, 162, 168
Teufel im Leib/Stürmische Jugend (Le Diable au corps) [1946] 43
Time (Magazin) 46
Tinguely, Jean 185
Totò (Antonio de Curtis) 168
Trafic [1971] 8, 18, 22ff, 32, 41, 49, 56, 58, 62, 76, 78, 90, 113f, 115–130, 131f, 134ff, 140, 144ff, 148ff, 152f, 155, 157, 159, 161–164, 166, 170, 182ff
Der Traumtänzer 31
Truffaut, François 10, 166f, 175f, 182

U

Unter den Dächern von Paris (Sous les toits de Paris) 38

V

Les Vacances de Monsieur Hulot (Die Ferien des Monsieur Hulot) [1953] 8, 10, 22, 25f, 29, 32f, 36, 40, 42f, 46, 48, 54, 56ff, 60ff, 63–77, 78, 80, 88, 90, 96, 98, 100, 103, 110, 112, 120, 130, 135f, 138, 140f, 145ff, 150, 152f, 156, 158f, 161–164, 174, 178, 180
Variety (Zeitschrift) 157
Das Verbrechen des Herrn Lange (Le Crime de Monsieur Lange) 38
Voyage surprise 51

W

Weekend 115
Wright, Basil 9, 18

Y

Yatove, Jean 162

Z

Zola, Jean-Pierre 89, 91

Der internationale Film: Genres, Titel, Hintergründe

Roland Flamini
Vom Winde verweht
32/40

Leonard Maltin
Der klassische amerikanische Zeichentrickfilm
32/42

Erich Kocian
Die James Bond-Filme
32/44

Gerard Lenne
Der erotische Film
32/46

Ulrich Hoppe
Casablanca
32/62

Ronald M. Hahn/Volker Jansen
Kultfilme
32/73

Norbert Stresau
Der Horror-Film
32/96

Thomas Jeier
Der Western-Film
32/102

Wolfgang Schweiger
Der Polizeifilm
32/121

Gudrun Lukasz-Aden/Christel Strobel
Der Kinderfilm von A–Z
32/127

Rolf Giesen
Sagenhafte Welten
Der phantastische Film
32/140

Gebhard Hölzl/Matthias Peipp
Fahr zur Hölle, Charlie!
Der Vietnamkrieg im amerikanischen Film
32/152

Rolf Giesen
Lachbomben
Die großen Filmkomiker Vom Stummfilm bis zu den 40er Jahren
32/161

Wilhelm Heyne Verlag
München

HEYNE BÜCHER

Grosse Regisseure des internationalen Films

Reinhold Rauh
Woody Allen
32/154

Joe Hembus
Charlie Chaplin
32/34

Norbert Stresau
Kevin Costner
32/164

Robert Fischer
Jodie Foster
32/179

Bodo Fründt
Alfred Hitchcock
32/91

Ludwig Maibohm
Fritz Lang
32/32

Herbert Spaich
Ernst Lubitsch
32/174

Robert Fischer
David Lynch
32/165

Rolf Thissen
Russ Meyer
König des Sexfilms
32/87

Tony Crawley
Steven Spielberg
32/134

Frank Schnelle
Die Spielberg-Factory
Kindheitsträume im Kino
32/185

Brent Maddock
Die Filme von Jacques Tati
32/187

Willi Winkler
Francois Truffaut
32/80

Christopher Warwick
Peter Ustinov
Schlitzohr und Gentleman
32/172

Reinhold Rauh
Wim Wenders
32/144

Claudius Seidl
Billy Wilder
32/116

Wilhelm Heyne Verlag
München

Unentbehrliche Nachschlagewerke für jeden Filmfan

Roland Flamini
Vom Winde verweht
32/40

Erich Kocian
Die James Bond-Filme
32/44

Ulrich Hoppe
Casablanca
32/62

Lothar R. Just
Film-Jahrbuch 1988
32/115

Lothar R. Just
Film-Jahrbuch 1989
32/130

Lothar R. Just
Film-Jahrbuch 1991
32/153

Alain Charlot
Die 100 besten Kriminal-Filme
32/155

Jean-Marc Bouineau/
Alain Charlot/
Jean-Pierre Frimbois
Die 100 besten Western-Filme
32/159

Lothar R. Just
Film-Jahrbuch 1992
32/167

Armand Dupont
Die 100 besten erotischen Filme
32/173

Lothar R. Just
Film Jahrbuch 1993
32/181

Wilhelm Heyne Verlag
München